◀▼嬰兒時期的劉銘，與母親（左）、奶奶留下這張珍貴的照片。

▼慈愛的父母、友愛的弟妹，是支持劉銘向前的最大動力。

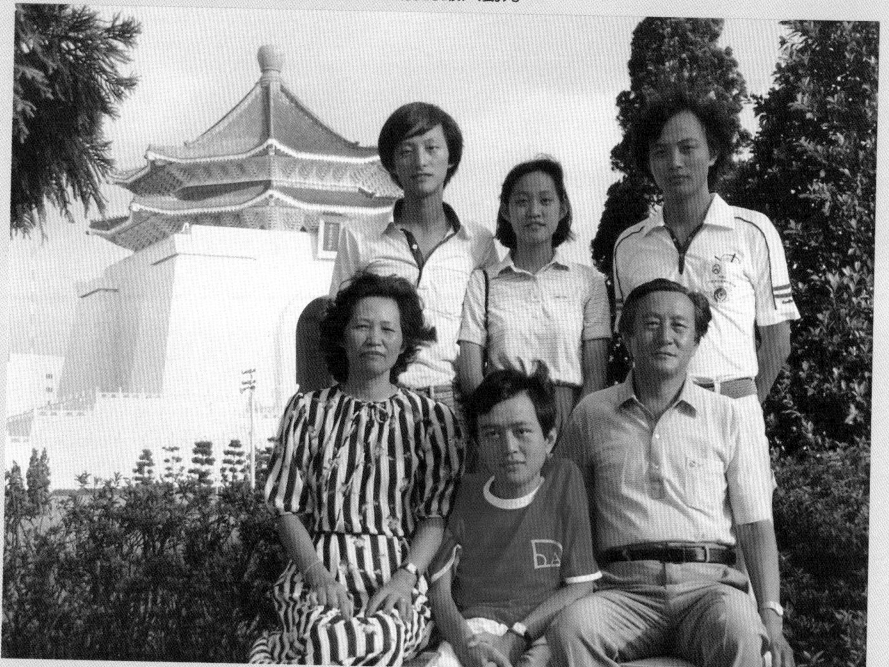

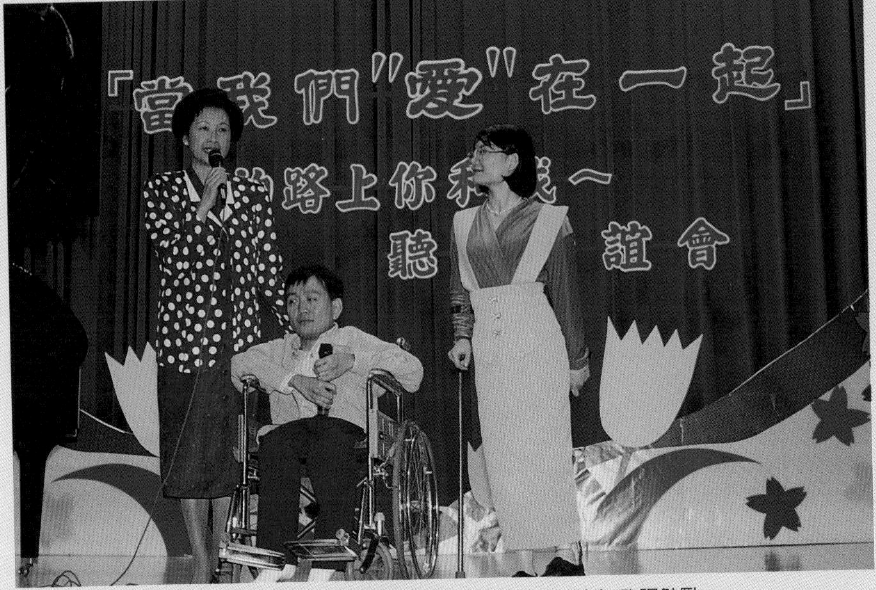

▲一九九四年廣播節目聽友聯歡會，監察院長夫人田玲玲女士（左）致詞勉勵。

▼二〇〇〇年二月，國內首創由殘友服務殘友的「聽你說」心情支持專線，正式開線。

▲一九九六年榮獲金鐘獎「公共服務類」節目獎項。

▲▶誰說廣播人見光死，瞧！
遠近皆帥（蟀）！

仔細瞧瞧！
脖子以上的他，真是一百分。

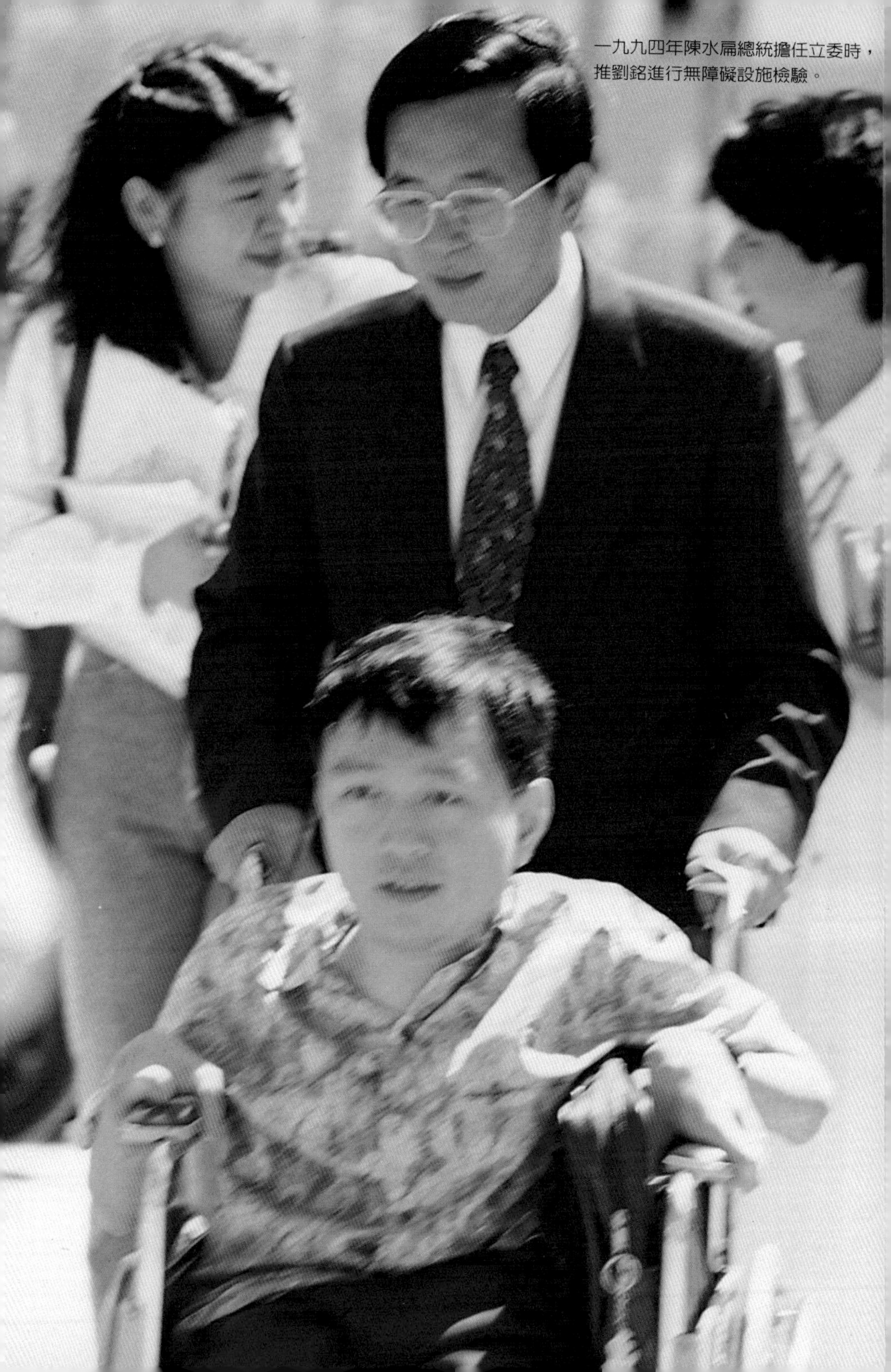
一九九四年陳水扁總統擔任立委時，
推劉銘進行無障礙設施檢驗。

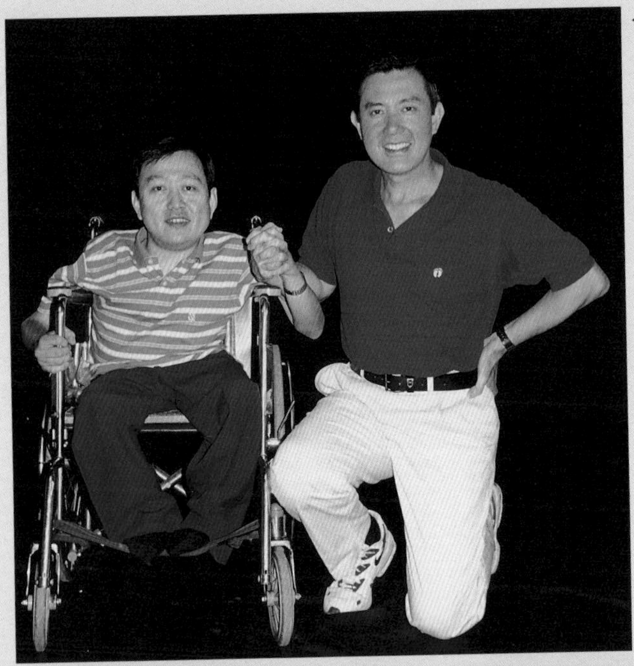

◀ 一九九九年馬英九市長為公益廣告「藝域來的孩子」代言，兩大帥哥攜手合影。

▼一九九四年當選十大傑出青年，獲李登輝總統接見。

▲國外旅遊總少不了志工抱上抱下。

▼二〇〇〇年「老殘遊記團」攝於巴黎凱旋門。

▲二〇〇〇年留影於荷蘭小孩堤防。

▲與李燕於瑞士——景觀火車月台。

◀一九九五年與妻子陳淑華結婚照。

▼一九九三年榮獲第七屆「金毅獎」，母親推劉銘接受宋楚瑜省長頒獎。

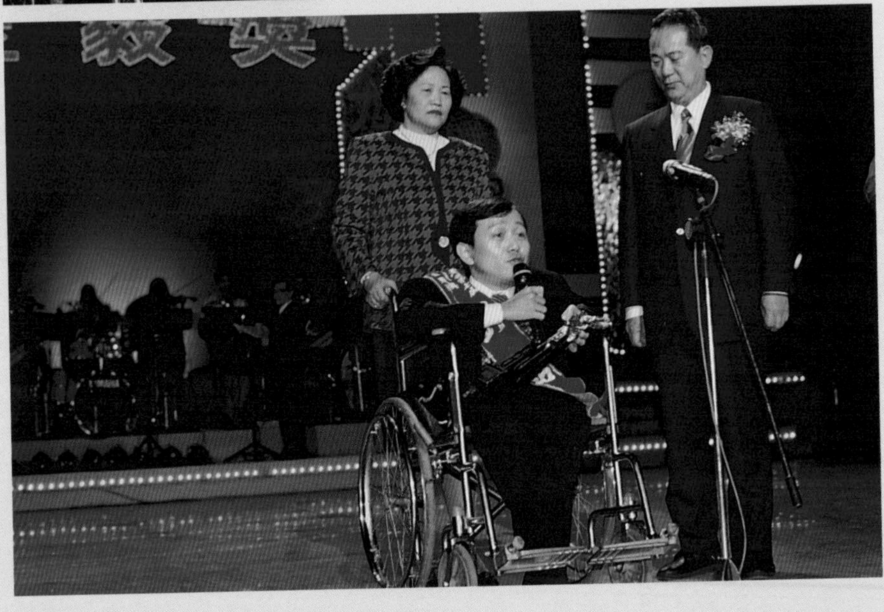

輪轉人生

劉銘勇於挑戰的生命故事

劉銘

Contents

輯二　我和大家都一樣

Contents

多一點關照，多一點不同

大塊文化董事長
郝明義

去年，一個太陽亮得讓人睜不開眼睛的夏天下午，劉銘和李燕主持的「劉銘．李燕時間」邀我去上節目。

那是一次很有趣的經驗。兩位主持人，一人拄著枴杖，一人坐著輪椅，上節目之前，兩人的言談都很平常，但是一進錄音間，一個原本只是訪談間插播交通路況的廣播節目，突然被他們轉換成一個綜藝電視節目似的。兩個人插科打諢，加上生動的肢體語言，讓人感覺到那是一個活潑又自在的節目。

下了節目，我們多談了一會兒，從他們的工作情況，談到了目前「殘障」者的就業狀況。過去，我知道台灣社會對「殘障」者的就業沒那麼友善，但是經過這麼多年，相信以台灣今天的法令和社會環境而言，「殘障」者的就業狀況應該大幅改善了。

但那天他們告訴我的是，沒有。

「殘障」者的主要就業還是四個行業：按摩、算命、修鐘錶、刻印章。雖然根據法令，公家機關每有五十名雇員，就須聘用一名「殘障」者；私人企業每有一百名雇員就須聘用一名「殘障」者，否則就得罰款，但大家寧願罰款。因爲這樣罰下來的款，光是台北市一個地方就累積了五十六億元。

他們認爲現在殘障者所需要的不再是各種就業輔導，或是「身有一技之長」，相對的，現在需要的是社會願意接受他們已經「身有一技之長」，讓他們有實際工作的機會。

和他們的談話，讓我很意外。

很長的一段時間，我不願意承認自己是個「殘障者」，也不願意和「殘障」之類的稱呼扯上關係。

有些背景因素。

最主要的原因，是不同意所謂「殘障」這種說法。我的基本想法是：人，各有不便。下肢不便而要拄枴杖的人，和視力不好要戴眼鏡的人，並沒有不同。或者，換個比方，在籃球場上，和喬登比起來，太多人就算不拄枴杖，仍然不啻「殘障」。「殘障」應該是個相對，而不是絕對的概念。

第二個原因，來自於多年前接受一次採訪的經驗。我和記者再三說明自己的觀念，但是出來的文章，我還是成了一個「奮發向上，不畏肢體限制所困」等等的「殘障有爲青年」。我實在不覺得自己有多奮發，也不覺得多有爲——我和任何人一樣，如果說是在工作上有什麼成果，其中固然有自己的努力在內，也有一定的運氣在內，總覺得這和「殘障有爲」的關係不大。

因而，我多年不談「殘障」，總覺得可以從另一個角度詮釋「殘障」。但是那天和劉銘與李燕的交談，卻讓我體認到今天在台灣的社會裡，另有一番現實。對於這個現實，我還有太多需要再思考的地方。

譬如，「殘障」雖然是個相對的概念，但有個前提，那就是要有一個公平競爭的環境。如果一個環境在硬體的設施上諸多限制不便，在軟體的心理上諸多歧視排斥，那麼，許多人會把「殘障」當作是個絕對的概念，也就不足爲奇了。

接著我和他們定期聚會，是朋友的交流，也是找個機會跟他們補習。

後來，劉銘寫了這本書。

劉銘不只是寫了他的經歷和故事，也不只是寫了他的求生之路，他也用自己主持廣播節目的幽默與生動，讓我們看進了身障者生活中種種不爲人知的角落。就像劉銘常說的，現在的台灣社會，殘障者需要的是了解與接納，而不是輔助與同情，這本書，也在傳達同樣的訊息。

就我個人來說，劉銘所描述的殘障的世界，是既熟悉又陌生的。熟悉，是其中許多情節在我身上也發生過；陌生，是他經歷了更多在我想像之外的折磨與痛苦。

所以我讀他的書有兩個感覺：一個感覺是體會到自己的幸運。雖然同樣是肢體障礙，但是我的成長路程比他順遂太多。另一個感覺就是對他的佩服。在那麼多種種磨難後，他還維持這麼開朗的人生觀，隨時都保有機智的幽默，難能可貴。換作是我，沒有把握。

當然，肯定有一點是我比不上他的，那就是他的自律。因爲擔心別人抱他上下輪椅的不便，因此劉銘十分注意自己的飲食，絕不使自己的體重超過三十八公斤。我雖然不需要別人抱著上下輪椅，但是需要扶助的地方仍然很多，可是我對飲食的控制，就完全沒有自知之明。

大家可以特別注意他寫自律與自信那一章。

最後我想呼應劉銘這本書，提出一個建議。

去年劉銘他們的廣青基金會舉辦一個「圓、缺之間——國際身心障礙者紀錄片影展」。影展裡一部「鐵肺人生」，主角馬克因爲小兒痲痺而脊椎嚴重扭曲變形，難以自行呼吸，因而必須置身於一個圓桶形的「鐵肺」才能生存。

看那部電影的時候，我注意到馬克說了一句話："Disabled" doesn't mean"Handicapped".（「Disabled」並不等同「Handicapped」）

「Disabled」和「Handicapped」，這兩個字的差別，以前沒有注意過。聽了馬克的話，查了一下字典（劍橋大學在網路上的Cambridge International Dictionary），發現大有不同。

「Disabled」指的是「欠缺某種肢體能力」。

「Handicapped」指的是「經由先天、意外或疾病而導致的一種心理或生理情況，因這種情況而使得日常起居要比沒有這種情況的人困難一些」。

換句話說，「Disabled」只是一種事實陳述，陳述「欠缺某種肢體能力」；「Handicapped」則強調「日常起居要……困難一些」。

「Disabled」和「Handicapped」，我們很容易一律譯成「殘障」。但是即使生活重度不便，必須以「鐵肺」爲生的馬克，還這麼注重「Disabled」和

「Handicapped」的差異，主張「Disabled」並不等同「Handicapped」，令人印象深刻。

在台灣，過去不論是英文的「Disabled」還是「Handicapped」，很容易被叫成「殘廢」，後來調整爲今天普及的「殘障」。這樣的稱呼，和大陸稱呼「殘疾」、韓國稱呼「障礙者」、日本稱呼「身障」相對照，可以看出不同社會的不同稱呼，代表著不同的文化。

我覺得台灣社會到了應該把「殘障」再改稱爲「身障」的時候。科技的諸多進步，本來就在如此呼應。前年我回韓國，在金浦機場候機室裡，看到大韓航空一張巨型海報。一個女郎坐在輪椅上看著電腦螢幕，旁邊的文案寫著：「我在家裡爲您處理訂位服務。」網路在消弭身障者與社會的距離，令人感動。台灣社會對待Handicapped的硬體環境，逐漸在啓動改善中，軟體與心理環境，也到了再調整的時候。

多看的一眼

中國時報浮世繪版主編
夏瑞紅

人海茫茫、擦身來去間，有一種人就是會吸引你多看一眼。

劉銘正是這種人。

十年前，松山機場。一群新聞局專員與廣青合唱團要搭機飛金門勞軍，我是隨行記者。在三十多名殘障團員當中，我很快注意到那個看起來最小卻又最大的坐輪椅的男士。

最小，是因爲他安靜地微屈在輪椅上的身形。其他人或拄著枴杖、或自己轉輪椅四處遊走，但他顯然連雙手都使不上力，所以選擇安於不動，安於輪椅上一方小小的自在領域。

最大，是因爲我看到幾乎此行每個人都繞著他說說笑笑，他儼然成了一個場子的中心，而且不知道爲什麼就讓人直覺那是發號施令的指揮中心。

當然，也因爲他偶爾笑得最大聲，嚇到看得出神的我。

打聽之後，才知道他是劉銘，合唱團的男高音兼節目主持人。那趟金門行，因爲不輸職業歌手的優美歌聲，和眉宇間的一股英氣，我常多看劉銘一眼。

回台後，有一天劉銘說他有世界男高音多明哥演唱會的票，請我一起去聆賞。演唱會現場冠蓋雲集，很多藝文圈朋友互相招呼寒暄，忽然有位西裝筆挺的男士衝過來抓住劉銘的手，熱情大呼好久不見，旋即又鬆開手，面有難色：「啊……眞對不起，我、我怎麼一下子記不得你的名字？」這時劉銘輕鬆海派哈哈一笑，脫口就說：「沒關係、沒關係，我還記得我的名字，我可以告訴你……」劉銘窩心的機智幽默，讓我再多看他一眼。

後來劉銘在警廣工作，邀我去上節目；成立廣青文教基金會，請我共襄盛舉；榮獲十大傑出青年獎，與我分享喜悅；步入結婚禮堂，讓我見證愛情馬拉松的莊嚴；多年來，生日那天都會收到他和事業拍檔李燕合送的禮物，也令我一邊讚嘆、一邊自慚，實在不如他對朋友這樣細心周到……

於是，每一次相會，劉銘都以眞誠、尊重與熱情，使我不由得又多看他一眼。

劉銘書上寫到，很多身心障礙朋友最恨人家多看一眼，而他卻在「金毅獎」領獎台上說：「看我，請看我！」事實上他從小就常刻意練習站出來，藉旁人的「多看一眼」來開擴膽量和肚量。讀到這裡，老是多看劉銘一眼的我，覺得特別有意思。尤其是，時下因多看一眼而血肉模糊的青少年兇殺案層出不窮，我最想問問劉銘，在得到名聲、站穩社會一席之地以前，一個人離鄉背井在殘疾孤兒收容所裡奮力「搖椅子」的小小劉銘，何以堪受那比一般人多看的一眼？

劉銘客氣地回答，他也不知道，也許該歸功於一路上遇到的師長都疼愛他、鼓勵他，讓他不知不覺中建立起一份自尊自信。

這是好理由，但劉銘似有一份對此生與此身，完全領受完全愛惜的平安泰然，也許更是不易看透的神祕關鍵。

智者曾說，不缺錢就是富裕。「不缺錢」不只意味錢夠用，更重要的是沒過多用錢的欲望，一個老是不滿足的億萬富翁，其實與日夜爲錢恓恓惶惶的窮光蛋無異。相同的，什麼樣的身體才沒有殘缺、才不是牢籠呢？看不見的海面下，遠遠豐富多變過看得見的海面上，而人身深邃遼闊甚於大海。不看一個人能否善用身心使人生眞正前進，卻只用表面形貌的少數差異來界定「殘障」，恐怕不免偏失。

頭條社會新聞那些傷害自己也傷害別人的罪犯，往往五官分明、四肢健全。一個人盲目揮霍身體，聽不見生命的呼喚，說不出內心的話語，無法舉步走向光明，會不會是某種看不見卻更深沈的「殘障」？

常自嘲「頭部以下、全組壞了了」的劉銘，在我看來，卻是富裕的人。他很小就看清自己的「成本」，因此不管是人生的投資還是賭博，都不會太超出把握；對於這樣的身體能享的樂與必受的苦，他也早有預算；但他絕不在社會成見的框架裡建築棲身之所，他突破重圍、快樂經營不一樣的人生。所以，他不在一般殘障朋友習慣從事的行業裡搶飯碗，勇於依興趣志向爲自己創造各種工作機會；當年他寫好一份節目企劃案出發毛遂自薦時，會先評估哪家廣播公司辦公室有現成的無障礙設施；他可以定下心、沈住氣，用八年贏得岳父母歡歡喜喜把女兒交給他；他能坦然介紹他得意的「隨身法寶」——解決如廁不便的半斤塑膠袋……

更重要的是，這一路走來所經歷的人事物，不管看來是好是壞，他都能照單全收，一筆筆存入生命的戶頭，以儲蓄足夠的資本，結合無數工作夥伴、師長、朋友之力，辦「頌愛之旅」帶領殘障朋友縱橫五湖四海，藉廣播拜訪天涯知音，由一個個企劃活動推展殘障教育理想……

一個從不被「自己」礙到的人，才是眞正自由的人。

透過劉銘的自傳，再多看他一眼時，我這樣想。

現代廖添丁

金鴻兒童文教基金會執行長
陳嘉文

「各位觀眾，現在讓我們以最興奮的心情、期待的眼神，以及最熱烈的掌聲，歡迎節目主持人劉銘、李燕……」這段開場白是我們基金會與劉銘所屬的廣青文教基金會，過去五年來針對全省的學校、監獄、少輔院及殘障福利機構，舉辦的「少年耶！讚哦！」活動開場白。如同這段對白帶給觀眾的驚喜，劉銘一生也能用「驚喜」兩個字來形容。

不了解劉銘的人，總是驚喜地對他表示，你聲音這麼好聽，節目內容豐富又幽默，不能相信本人竟然是一位重度殘障朋友。了解劉銘成長背景的人，更驚喜知道原來老天爺三歲就跟他開了一個大玩笑，在經歷了許多挫折及挑戰後，劉銘終能憑著堅強毅力，在工作及生活上闖出一片天空。

我們平日喜歡以「帥哥」互稱對方。對我而言，自信的男人最帥，他如果不是有些不方便，憑他的條件一定吸引更多的女孩子（當年結婚時，可是有不少女孩子暗暗哭泣），而我這個帥哥總是被他在舞台上調侃爲「帥的地方都被割掉了」。回顧我倆交往的八年中，劉銘的成長可比喻爲「現代廖添丁」，有以下幾點緣由：

原因之一「行俠仗義」。過去十年來，劉銘與他的最佳拍檔李燕，主持警廣節目，不僅報導路況，更設計了許多膾炙人口的單元，從「愛的路上你和我」，到各類醒世小語，他們以幽默詼諧的口吻，爲市井小民、尤其是弱勢團體謀求福利。我常在坐計程車時，聽到司機邊聽他們的節目跟我說，一聽到他們的聲音，所有的煩惱都沒了，眞希望節目時間能長一點。

原因之二「劫富濟貧」。記得有次「少年耶！讚哦！」活動到雲林斗南中學表演結束後，大夥兒約二十人在餐廳用餐時，突然間有位肢障的媽媽騎著摩托車，載著唸國小的男孩來販賣公益彩券，霎時劉銘二話不說，拿出剛領到的主持費買了十張，並且吆喝大家一起買，大夥共襄盛舉共買了七十多張，中了又繼續兌換。不一會兒，小男孩袋中的彩券幾乎全賣光了，劉銘還勉勵那位小孩要好好唸書及孝順父母，此時只見小男孩眼淚汪汪的不停感謝。在金門參加社會局所舉辦的「身心障礙者親子座談會」，劉銘、李燕、麗紅等夥伴更是將講師費捐出，相信當時他們一定認為「施比受更有福」。

原因之三「飛簷走壁」。過去我還在聯合報工作時，兩個單位就曾經合作，率領一群有歌唱及樂器才藝的殘障朋友到各地表演。爾後我任職於基金會擔任執行長，我們更將活動延伸到離島的金門及澎湖。民國八十七年，還受到日本政府邀請，參加第三十四屆全國身障者運動大會。這幾年來，劉銘更是年年挑戰不可能的任務，率領一群身心障礙朋友，包括肢障（坐輪椅）、聽語障及視障者，前往世界各地旅遊。他們已先後去了德國、瑞士、法國，今年還要計畫去奧地利、捷克。劉銘或許不能像廖添丁一樣在屋頂上飛來飛去（他上下車或飛機都要志工抱著），卻比一般人更厲害，上山下海都難不倒他。不過以我抱過他的經驗來說：劉銘，你該減肥了。

原因之四「精力充沛、創意十足」。劉銘每天早上九點半離開家上班，一直工作到晚上九點半才回家，一天至少工作十二個小時。週末還不時要前往學校演講，或到三峽為社區民眾上課，我有時眞懷疑，他不累啊！即使回到家，腦筋卻也沒停著，每年基金會總是能策劃出獨一無二的活動，如針對殘友的「聽你說心情支持專線」「國際身心殘障者紀錄片影展」等，其創意及執行的成果在在讓我好生佩服。

聽到出版社主動要爲劉銘出書，我可是一點也不驚訝。多年來聽他在舞台上，若無其事地敘述自己成長歷程，此時台下聽眾，不論是有殘障小孩的家長或是監獄受刑人，早已熱淚盈眶，深深為他感到不捨，無形中也激勵大家奮發向上。所謂「悲觀的人是看到機會之後的困難，樂觀的人是看到困難之後的機會」，機會是給那些隨時準備好的人；對劉銘而言，他的人生沒有抱怨，只有感恩與努力。

亦師亦友的工作夥伴

警廣節目主持人
李燕

男人選女人，據說有三要：在家是主婦、出外是貴婦、床上是蕩婦，這三種角色並不好扮演，所以說男人經常失望。

十年前，劉銘尋找廣播合作夥伴，也有三要：一要廣播科班出身，這樣才能彌補他最初的專業不足；二要未婚，這樣才不會有家累，無法專心於廣播工作；三要長相「愛國」，如此才不會招蜂引蝶、外務纏身。而我不知是幸，或不幸？竟然吻合了他「三要」條件，就此展開廣播史上少見的雙人搭檔生涯。

經過十年的合作，劉銘對我而言，也扮演了三種角色，那就是夥伴、朋友與老師。

在工作夥伴這個角色中，劉銘向來要求嚴格、追求完美。有五年的時間，他堅持每次節目的開場白，都要完成逐字稿；他會在你已經很累、很想回家的時候，不管你苦苦哀求的表情，依舊趴在電腦前，執意要把企劃案修完整；別看他重度殘障，卻相當具有行動力，只要他想做的事，你是阻止不了他的；最讓他津津樂道的，就是帶一群殘友出國旅遊，最初他提議時，我覺得天方夜譚，不過，依據多年相處經驗，我相信他說到做到，最後，果然成果輝煌。

與他做朋友是有趣的，因爲他非常喜歡創意、搞笑。以往他最常玩的遊戲，就是打電話給你，或是接電話時，裝模作怪的「變聲」，只要對方聽不出來是他，就可以讓他高興好久。後來，他帶了廣播班之後，就利用學生在做現場節目時，喬裝腦性麻痺患者口齒不清的聲音打電話進現場。有一次，還讓學生當場感動地掉下淚來，覺得自己太偉大了，竟然能用廣播節目去安慰殘障者。當然，東窗事發之後的結果，就是那批學生只要聽到腦性麻痺患者的來電，直覺就喊：「劉老師！別鬧了！」

能當他的學生更是件幸福的事，因爲他從不會對學生疾言厲色。記得，有次學生在教室裡吵鬧不休，正想出去教訓他們時，他對我說：「我去罵他們，這群學生實在太吵了！」我說：「你眞要罵他們嗎？」他說，沒錯。然後，就看他一人用力推輪椅，從辦公室到外面教室，心想「這眞是一個奇蹟，跟他共事那麼久了，未見過他罵人，而這次他竟然生氣要罵人了」，我趕緊叫一旁的志工停下手邊的事，來看看劉銘老師是如何罵人的？

只見他到前面，拿起麥克風後，輕聲細語的說：

「各位同學，請把嘴巴關起來。」然後他就開始上課了。

我跟志工看到這畫面，差點沒像卡通人物一樣跌倒，事後問他，這就是你的罵人內容嗎？他正經的說：「是啊，這已經很嚴厲了。」我說：「可是同學還是在說話啊？」

「聽得懂的人，就會安靜；聽不懂的人，就隨他吧！」這就是他的答案。「無爲而治」是他教導學生的特色之一。

他奉爲圭臬的就是「教育，即關愛與榜樣而已」這句話。所以，劉銘相當重視身教，他總認爲，要做到不隨意發怒，才能講授情緒管理；能做到隨緣佈施，才能要求旁人發揮愛心。

十年，近乎三千多個日子裡，相信在他這位老師的耳濡目染之下，原本桀驁不馴、乖張悖逆的我，定可像唐三藏教導徒弟孫悟空一般，脫去層層野蠻外衣，最後修得正果，當然，這也是我個人的期許。

曾有人問：「你們吵不吵架？」原本不愛吵架的劉銘，經過十年相處後，開始會跟我吵架，有時會想這是幸、或不幸？不過，我們最棒的地方，就是吵架時，總會有一方主動向對方道歉，雖然，十之八九那個道歉的角色是我，有些委屈，但我也常記得劉銘所說的格言——「常想一二」。

總括而言，這十年的合作生涯裡，雖是苦樂參半，但是，我要跟這位亦師亦友的工作夥伴說，謝謝你當初選擇了我。因爲與你共事，的確是我生命中一件幸運的事。

自序
永遠有陽光照耀

我出書了，這本書的誕生，一如我走來的人生道路，總有許多「貴人」的相助、扶持，才使得崎嶇之路，走得不致那麼艱辛、困苦。

三歲那年，一場高燒讓我罹患小兒痲痺症，導致雙手、雙腳無法行動，失去自由，我覺得上天似乎放棄了我。

九歲那年，離鄉背井，隻身住在「台北市立廣慈博愛院」，面對陌生的團體生活，無法享受天倫之樂，我以爲父母放棄了我。

國小五年級的那次聖誕節，傍晚時分，我去洗澡，打算洗完後，可以乾乾淨淨、漂漂亮亮地參加院方舉辦的一年一度聖誕聯歡會。平常從浴缸爬上輪椅，十五分鐘即可完成，那一次不知怎麼搞的，三十分鐘過後，仍然爬不上來，上半身在輪椅、下半身在浴缸，身子已被風乾，又冷又寒。回到了浴缸，原本的熱水已變成冷水，腦海閃入一個念頭「我不想爬了，好累、好辛苦啊！」隨後又有個念頭進來「三歲上天放棄了我，九歲父母放棄我，現在，我是否要自己放棄自己？」

就是因為我沒有放棄自己，於是又再一次往輪椅上爬，我努力地爬、使勁地爬，爬到後來連眼淚都爬出來了，覺得自己為何這麼沒用，一般人輕而易舉的動作，對我而言，卻是難上加難、難如登天。即使如此，我還是勉勵自己，如果連這生活上的小小困難都難以克服，以後步入社會，又如何去面對人生中的大風大浪？

最後，終於讓我爬上來了，歷時兩個小時，等穿妥衣服，抵達活動場所，聖誕聯歡會早已曲終人散。雖然還要再等一年，才會收到禮物，然而，我卻獲得一份無形、極其珍貴的禮物，那就是「不放棄自己」。

因著不放棄自己，竟發覺其他人也沒有放棄我，就連上天也助我一臂之力，這一路走來，處處可見「自助人助，而後天助」的著墨痕跡。何其有幸，當初我並未放棄自己，否則，就算神仙下凡，依然救不了自己，所以「不放棄自己」是多麼的重要與神奇啊！

住在廣慈時，曾對夥伴說，將來長大要寫一本有關自己故事的書，連書名「失落的鈕釦」都想好了，不曉得為何會想出這樣的名字，只記得這是小時候的夢想。

長大後，夢想依然存在，我又想到另一個書名「妓女，別怕我」。聽聞的人，都以為我在說玩笑話，其實不然，在這個「笑貧不笑娼」的社會裡，很多時候，殘障者連妓女都不如，甚至還會遭受妓女恥笑；多年前，報紙曾報導一篇化名爲「風火輪」的殘障者嫖妓，妓女們十分嫌惡，紛紛走避，於是，風火輪先生出手闊綽，給的費用是一般人的兩、三倍，大家又開始趨之若鶩。只是這個書名過於勁爆，與內容不符，有譁眾取寵之嫌，故而作罷！

謝謝警廣同事郜瑩姐搭起的橋樑，讓我有機會和圓神出版社結緣。原先這本書原想請人代筆，因爲我較擅長的是口語傳播，論及文筆，只能稱通順而已，若說「出書」則有一段距離，然而當我的「寫作大綱」以及試寫的四篇文章出來以後，十分吸引賴眞眞、林俶萍主編，她們希望能締造出台灣的乙武洋匡，這樣的鼓勵與讚美，讓我的尾巴翹了起來，帶來莫大的信心。

就這樣，每週六的午后，太太風雨無阻、不畏冬日寒冷地推著我，至離家不遠的咖啡館，展開一場與時間拔河的「寫作之旅」，而我也不負圓神期待，大大地超前進度，提早兩個月交稿。當然這期間，廣青志工陳雅婷功不可沒，這位每分鐘中打近一百二十個字的「快打手」，請她打字豈是一個

「爽」字了得，每每「讀打」，我唸完，她也打完了，眞是廣青不可或缺的左右手。

另外，感謝大塊文化董事長郝明義，每月一次在廣青擔任「志工」，帶領讀書會，這次還「破例」爲我寫序；中國時報浮世繪版主編夏瑞紅，她的細膩、貼心，總是在人最需要時出現，猶如「及時雨」一般，滋潤心田，她的氣質與文采，令人欣賞，教人著迷；而金鴻兒童文教基金會執行長陳嘉文，求新求變、出錢出力的慈善家胸懷，倘若沒有他，廣青可能早就「倒店」了；最後一位是我的最佳工作夥伴李燕，謝謝她這十年來的包容與協助，總是把我放在「第一位」，給予最大的支持。

除了感謝，也祈願此書能讓殘障朋友，以及身處困頓、失意的朋友們，看見光亮、帶來希望。

輯一

失去健康的身體

三歲的徒刑

我知道「殘障者」的角色不好扮演，然而，越是不好演的角色，若能演好它，台下觀眾所給予的喝采將會是久久不歇。

在人生的舞台上，有各式各樣的角色，我卻無從選擇地扮演了「殘障者」的角色。那一年，我才三歲。

我是父母的第一個「愛情結晶」，也是劉氏家族的「長孫」，長得濃眉大眼、清秀可愛，可說是集眾人寵愛於一身。

三歲那年，能跑會跳、活潑淘氣，每天口中嘰嘰喳喳地說個不停，似乎有著永遠消耗不完的精力；而這段歲月，也是記錄著我這輩子雙腳能自由地

「追、趕、跑、跳、蹦」的最後一頁。

如果不說，沒有人看得出來，我有一半原住民的血統，母親是居住在南投縣仁愛鄉的泰雅族，嫁給遠從大陸北京而來、在當地山區擔任老師的父親後，便來到平地生活。

外公、外婆自我出生後，一直盼望能見見這個從未謀面的長孫，在多次來信催促下，母親便隻身帶著我從高雄家中啓程。當時交通極不便利，不如現在的四通八達，下了火車改搭汽車，下了汽車則需走上一段山路，眞是千里迢迢、長路漫漫。

母親難得回娘家，我宛如她衣錦榮歸的「瑰寶」，她領著我四處拜會親戚朋友。不知是旅途的疲累，或是山上的氣候過於寒冷，我得了感冒又發燒。窮僻的山上沒有醫院，加上母親的經驗不足、不以爲意，認爲吃吃成藥就沒事了。直到我燒得全身滾燙，並出現抽筋現象，母親才意識到事態嚴重，當送到台中醫院時，爲時已晚，已經遲了。

在搶救的過程中，母親頗爲自責，天天以淚洗面。有一次，接獲醫院的病危通知，醫生拍拍父母的肩膀說：「你們要有心理準備，這孩子凶多吉少，可以爲他準備後事了。」

沒有人料想到，我竟然奇蹟似地活了過來，命是撿回來了，但命運之神卻宣判我必須禁錮在殘敗不堪的身軀內，承受終生無法假釋的徒刑。「濾過性病毒」這惡狠狠地一擊，擊得我雙腳不能行、雙手難以動，成爲重度小兒麻痺症的患者，母親也因此遭受爺爺、奶奶許多的責難與不諒解。所幸，上天有好生之德，存留給我一顆「正常」的腦袋，作爲日後反攻還擊的基地。

有些時候，當我感到沮喪、無助時，一想到母親，就會積極、振奮起來，希望能早日讓母親獲得「平反」。如今，我能獨立，有傑出的表現，最高興的莫過於母親，她常常會得意地告訴與她在一起跳舞的朋友們說：「警廣的主持人劉銘，就是我的兒子耶！」我似乎又看見母親手中失而復得、值得誇耀的——瑰寶。

廣青和金鴻兩個基金會，共同舉辦的「少年耶！讚哦」活動，這部關懷列車至全省的監獄、少年輔育院、學校、殘障福利機構等地演出，內容包含殘障朋友的才藝表演、生命故事的分享等等。其中，有一個活動的項目叫作「殘障體驗遊」，也就是請台下四體健全的觀眾，戴上眼罩、手執盲杖體驗視障者，坐著輪椅體驗輪椅者。爲了寓教於樂，我們將參與者分爲兩組，在他們行經之處，擺放椅子當作障礙物，然後以競賽遊戲的方法進行。

記得在高雄女子監獄那次，當比賽開始時，台下的觀眾用尖叫、鼓掌來爲台上的朋友加油，只見有的人盲杖亂舞、撞上椅子，有人不會操作輪椅，索性雙腳著地滑行。遊戲結束後，當他們在分享敘說殘障朋友的辛苦與不便時，驀地，有一股辛酸通過心頭，好想哭。對他們只是「遊戲」，對我卻是要用一輩子來體驗殘障。

有幾次去海邊戲水堆沙，朋友會把自己全身埋在沙堆中，只露出一顆頭，我卻喜歡只把雙腳堆埋沙中，朋友不解地問：「你爲什麼不埋身體，只埋腳？」

我笑而回答：「用來彌補這雙腳，這輩子與大地無緣。」

有一次，至吉林國小參加乾女兒張轙勻的運動大會，爲她加油、打氣，他們五年級的節目是接力賽跑，當槍響剎那，選手一棒接一棒飛快地向前衝。驀然，見一個嬌小的身影，彷彿子彈一般地迸射了出來，快速疾跑，是勻勻，我的視線緊緊地「追隨」她，激動地竟熱淚盈眶，無法像身旁的家屬聲嘶力竭地喊「加油」。自己眞是沒用，去的目的是爲了給勻勻打氣，卻喊不出加油聲。

看著勻勻從小長大，不知是爲她的成長喜極而泣？或是在她身上尋獲了失而復得的「飛毛腿」落淚？我想兩者都有吧！

有時候，換個角度，世界會變得更開闊，縱使今生今世，雙腳與大地無緣，然而，卻也替我省下難以計數買鞋的錢。所謂「得失之間」，「得」中也有所「失」，「失」中也有所「得」，但看你從哪一個角度切入，誠如我常掛在口中的一句話：「樂觀的人，是看到困難背後的機會；悲觀的人，是看到機會背後的困難。」

自古而今，沒有人會願意接受身體或心靈「徒刑」的束縛與綑綁，但若我深信，越大的苦難背後，會有越大的祝福，徒刑的背後自有其美意存在，那麼，苦就不會白吃，罪就不會白受。就像國際知名小提琴家帕爾曼先生，克服身體障礙，撐著枴杖上台演出，撥弄琴弦的手，奏出了天籟之音；畫家雷諾瓦，利用變形扭曲的手，塗抹色彩，繪出世間最美麗圖畫。

媒體記者曾問及影星張國榮先生，爲何演藝生涯中能不斷突破、屢屢獲獎，張國榮表示：「即使我演的是配角，也當成主角來演，全力以赴。」這句話令人印象深刻，相當震撼。

我也是這樣子，我知道「殘障者」的角色不好扮演，然而，越是不好演的角色，若能演好它，台下觀眾所給予的喝采將會是久久不歇。

如今，我正在全心全力地演好「殘障者」的角色，請掌聲鼓勵吧！

廣慈伴我十三年

淚水能教人洗去憂傷，也能帶給人成長、成熟：望著父親的背影消失在沈沈暮靄的那一幕，一夕之間，讓我長大了許多。

一個懵懂無知的孩子，卻無法和一般小孩一樣，被父母呵護，享受天倫之樂，必須離鄉背井，去面對一個陌生的團體生活。父母告訴我：「這是爲了醫治疾病，並且可以進學校讀書。」於是我同意了。

九歲那年，家住埔里，父親揹著我，千里迢迢地來到「台北市立綜合救濟院」（即現在的菸毒勒戒所之址）。猶記被送去的那一天，一大群和我有著相同殘疾的孩子，一張張陌生的臉孔注視著我，一股不安、戰慄襲侵而來。

我突然反悔了，吵著、鬧著緊緊地抓住父親的手說：「我不要治病，也不要讀書了，我要回家。」

「你乖乖地住在這裡，等你病治好了，就可以回家了。」父親安慰地說。

「劉銘，你看其他的小朋友都在看你，乖，讓爸爸回去吧！」保母阿姨也來勸說。

此時，父親的手讓我抓得更緊了，當大手和小手鬆開的那一刻，我竟放聲大哭，「我要回家，我不要住在這裡。」哭嚎聲響遍了整個院裡。最後，還是含著淚凝望著父親的背影，漸去漸遠地隱沒在沈沈暮靄之中。

在救濟院的院童，有不少被送進去後，父母就再也沒有出現過，而當時，家裡又住遙遠的埔里，是要坐好久的火車、汽車才能到的地方。午夜夢迴，常常暗自飲泣，我在想，自己是否也和那些院童一樣，遭受家人「遺棄」

的命運。有些院童甚至說：「等我將來長大了，如果讓我知道父母親是誰，我一定要報復他們。」

所幸，半年後我出痲疹，院方深怕傳染給其他院童，於是，寫信給家人接我回家療養。回家的路上，才確知自己未被遺棄，一般人都害怕出痲疹，我倒慶幸這樣的「因禍得福」啊！

當時院裡只有兩部超大型的輪椅，由於破舊不堪，滑動時還會發出轟隆轟隆的聲響，故稱爲「老爺車」。四、五十個院童，根本不敷使用，對於無法撐枴杖行走的我們，就只得學會「搖椅子」了。

什麼是搖椅子？就是坐在一張木製有靠背的椅子，利用手勁和腰力的結合，讓椅子一步一步地挪動。對於其他的人，他們只有雙腳萎縮，上半身是健全的，所以在面對險要狀況，只要用有力的臂膀一撐住地面，危機便立即化解，即使椅子翻倒了，他們也能馬上爬起，不像我殘障程度嚴重，雙腳、雙手都萎縮無力，故搖動起來格外辛苦，常常人仰椅翻、疼痛無比，只要一從椅子摔下來，在一旁的人就會大聲地喊：「劉銘跌倒了！」保母阿姨聞聲則會趕忙過來，無數隻的眼睛，就這樣盯著看我被抱上椅子；每次跌倒，就十分氣惱、尷尬，覺得自己怎麼這麼沒用。除非我願意整天孤單地困坐在寢室的房間裡，眼睜睜地看著其他人嬉戲、玩鬧，否則，還是得勇敢地「搖」下去。

說到洗澡，沒有浴室、沒有蓮蓬頭，而是一群人圍坐在廁所的地上，中間放置一個鐵製的大澡盆，在外抹好肥皂的人，就進盆裡如同涮羊肉一樣地「涮」一下就出來，這就算洗好澡了，然後再赤裸著身子、搖著椅子回寢室穿衣服；夏天倒無所謂，寒冬就難熬了，我又怕冷，常常是上下牙齒不斷地打顫，全身哆嗦。

這些還不打緊，最怕遇上洗澡時糞池不通，洗著洗著，就會有黃色的

「異物」漂流而來，至於站不起來的我們，只有「糞」不顧身地在地上用爬的閃躲，實在是苦不堪言。好在一年後，全院搬遷到「台北市立廣慈博愛院」，全新的環境，寬敞的空間，浴室裡有浴缸、蓮蓬頭，無法撐枴杖的人，每個人都配有一部性能極佳的新輪椅，這種情況才完全改善，從此，也告別了「搖椅子」的歲月。

廣慈（位於福德街200號）占地萬坪，爲台北市政府所創辦之慈善機構，住在裡面，衣、食、住、行等一切費用，皆由政府負擔。廣慈放眼望去，花木扶疏、綠意盎然，搭配著紅色磚道，眞可謂「紅配綠、眞美麗」。多年前，有個歌唱的電視節目「翠堤春曉」，就來此出外景。

廣慈裡面有敬老所，收容孤苦無依的老人，育幼所收容無父無母的孤兒，我住在復健所，所裡住的皆爲身有殘疾的朋友，還有一個叫作「婦女職業輔導所」的地方，大家一定不知道裡面所收容的對象爲何？難道就如名稱一樣，是提供婦女朋友職業重建嗎？不是，現在，我就來揭曉答案，所裡收容的是未滿十八歲的雛妓，讓她們在此學習一技之長，重新步入社會後，能從事正當的行業。

有幾次，經過那裡，聽到嬌嗔的聲音隔著鐵窗對樓下的我們說：

「少年仔，來坐哦！」

「一次多少錢？」我們也會胡亂地對她們回應。

「你是跛腳，算你免錢啦！」她還是在言語上，占了便宜。

「……」一時間，我啞口無言。想起青少年的這段往事，不免令人莞爾一笑。

前一陣子，台灣社會米酒缺貨，而在當時，復健所男生最缺的是內褲，院方配發給每人半年三件藍色四角內褲，經常有人的內褲不翼而飛，於是，每當洗衣房送來院童們大批洗好的衣物，許多人便圍在一旁，趕緊尋找寫有自己名字的內褲，以免被別人「幹」走了，即使如此，內褲還是常常失竊，而「內褲賊」依然消遙法外，後來，大家只好衣櫃上鎖，殊不知裡面囤積的「寶物」全是內褲。有幾次，太晚去收拾衣物，內褲就不見了，我便到高秋貴的櫃子裡，「摸」了一件，反正內褲穿在裡面沒人看得見。有次洗澡，浴室裡有三個人，我們內褲上的名字竟然都是「高秋貴」，那高秋貴怎麼辦？一時間，我們相視而笑。我們好壞，專門欺侮一些「有口難言」的智障朋友。

說到欺侮，廣慈彷彿社會的縮影，有關愛、有扶持的人性光輝，當然也有大欺小、強壓弱的情事，像有些撐枴杖、長得孔武有力的人，放學回到廣慈，便卸下鐵鞋，強占輪椅，叫原本需要輪椅方能行動的人，只能坐在床上，有時一坐就是一、兩個小時，而那人則坐著輪椅輕鬆快樂四處遊盪，遇上這樣的「惡霸」，也只好忍氣吞聲、自認倒楣了。

即使是殘障人士，也會有意見衝突、大打出手的情形，或許有人會很好奇，殘障朋友行動不便，怎麼「幹架」？如果，你以爲他們是用「枴杖」射來射去，那就錯了。他們是放下枴杖，坐在地上，用雙手格鬥，而且打得非常兇猛，毫不留情、互不相讓，就像打「共匪」一樣。

我是沒有什麼「本錢」可以跟別人動干戈，既然不能「力敵」，只好「智取」，一來我始終如瑞士一樣，保持「中立國」的身分；二來，我在學校成績不錯，有求於我的人很多，又得到保母阿姨的疼愛，所以，我都能夠「安然無事」，很少有人向我「借」輪椅。

在廣慈，完成了小學、國中、高職的學業，院裡有個附設的「永春班」，一年級至六年級各有一班，老師們則是永春國小派來的。我們也像一般小學一樣，在上課之前，有升旗典禮，典禮中該有的儀式：如高年級同學報告應到、未到人數，主任致詞及國民健康操等，都是有板有眼的進行，一樣都沒少。那一段日子，無憂無慮，十分快樂，不覺得殘障者和一般人有什麼差異？

上了國中，就要外出就讀，院裡每天有專車接送我們到附近的興雅國中，這才發覺殘障者與一般學生，有著大大的不同，所有的升降旗、戶外活動，以及當時校園障礙重重，在沒有電梯的情形下，像工藝、美術、音樂等課程，如果不是在同一樓層，也不需要參加，這樣的安排，與其說是「禮遇」，不如說是「限制」，而這些活動或課程，我們的任務就是「看守」教室。我常常在想，殘障者沒有義務要看守教室，應該是讓我們和其他同學一起參與這些課程和活動才對。許多殘障者都是如此，因爲外表的「殘障」，往往遭受了被放棄的命運。

「等我病治好了，就可以回家了。」父親的話猶言在耳。回顧當時年少的我，天眞無邪，哪裡會想到，我的病怎麼可能有治好的一天？好想問問父親，當時是否有「遺棄」我的念頭？否則，以我現在的「有用」之身，他們豈不虧大了。

認識許多在家中長大的殘障朋友，通常他們的命運都是兩極化的呈現，一種是家人自責疏於照顧，導致孩子殘障，爲彌補這歉疚，以至於百般溺愛孩子，遂養成其茶來張口、飯來伸手，凡事仰賴他人的習性；另一種是家人無法面對孩子殘障的事實，便以逃避心態面對，長期漠視，更遑論給予鼓勵與期待，任其自生自滅。

淚水能教人洗去憂傷，也能帶給人成長、成熟；望著父親的背影，消失在沈沈暮靄的那一幕，一夕間，讓我長大了許多。小時候，會覺得住在廣慈是種「不幸」，長大後，才體會出這是「幸運」啊！若不是在團體生活中長大，如何教我學得獨立自主、待人接物，並深切地明瞭，當遭遇挫折、困難時，抱怨根本無濟於事，只是「等死」罷了，唯有想方法解決，才是不二法門。

人並非年齡使其長大，毋寧說是苦難使其長大，今天，如果我能變得積極樂觀，將缺憾還諸天地；如果我能有所作爲、服務人群，對社會有貢獻，這都要拜「苦難」所賜。感謝廣慈，伴我走過十三載青少年的歲月，這其中，有苦有樂、有淚有笑，足以教我日後細數這點點滴滴……

雲深不知處

「感謝上帝，將安安賜給了我們，在她的身上我們看見了單純的靈魂，也看見了我們的困乏；因著她，這個家經歷了患難，也學會了忍耐，更學會了盼望與謙卑。」

從小，在廣慈長大，童年，有著說不完的故事，且讓回憶慢慢訴說吧！

我住的地方，原本是以肢體障礙者爲收容的對象，後來，肢障的人逐漸減少，於是，陸續進來了一些「智障」的孩子。

呆滯的目光、奇異的長相、重複的動作，他們泰半不會說話又不合群，少數的還有破壞性。生活中加入了這些「特性」與我們完全不同的人，大家都感到十分的新鮮與好奇；當時不懂「智障」這個稱呼，直接的反應認爲他們是「白癡」。

崔保神，多重障礙的朋友，包括：輕度智障、中度肢障，需撐單枴行走，是個大近視，觀看電視時，整個面頰幾乎貼在螢光幕上，他還有一個毛病，那就是「口吃」。初認識他時，對他說話的方式十分好奇，當時年紀小，不曉得口吃是語言上的一種障礙，反而覺得它的與眾不同，於是，便開始模仿他說話。記得有幾次，我把他叫進廁所，於是，他說一句，我學一句，當時，彷彿有種在偷練武功密笈一樣的興奮，不知道自己是天賦異稟，或是「壞習慣」容易入侵體內，我竟然神不知、鬼不覺地學成了「口吃」。

本該慶幸練成崔保神的「神功」，然而，苦惱緊隨而來，由於，我擔任班長，上課前必須發號施令，「起起起——立，敬敬敬——禮……」一時間，說話如同舉重一般吃力，好不容易才脫口而出一個字，同學們笑聲不斷，這時才覺得口吃根本毫無獨特之處，一點也不好玩，最後，才痛下決心，改掉這個毛病。

她胖胖短短的身材、小鼻子、小眼睛、小嘴巴，緊緊地攏靠在一張小臉蛋上，笑起來的時候，五官的距離就更近了，幾乎是縮在一起，這就是「唐氏症」的特徵。

她有一個好聽的名字——蕭文文。聽保母阿姨說，她家很富裕，父母都是情報人員，按說這麼優秀的「組合」，怎麼會生出這樣的孩子？家裡既然很有錢，又爲何要把她送來這裡呢？這些問題無人知曉。

文文的智障程度屬中度，自己會料理生活起居，能說一些簡單的句子，也聽得懂別人意思。她生性活潑、喜歡跳舞，每當音樂響起，身子就會翩然起舞，自然地搖擺晃動起來，大跳特跳。經過她寢室門口的人會吆喝著：

「文文，跳呀！跳呀！好棒唷！好棒唷！」大家最喜歡「逗」她，只要有人爲她喝采歡呼，她會跳得更起勁、更賣力。「過來呀！一起跳呀！」語調有些輕佻，文文邊跳、邊勾起食指向人示意著。

文文有一句口頭禪「放屁！」有一次，所長巡視所內，看到文文便問道：「文文，妳好不好？」

過了半晌，文文才回答，豈料一開口就說：「放屁！」在一旁的保母阿姨慌張失措，嚇得臉都綠了，不知如何是好，趕忙說：「文文，不能這樣對所長說話，這樣不禮貌，喊所長好。」「所長好，」隨後又說：「老宋，開車。」原來「老宋」是她們家的司機。

文文說話向來語無倫次、隨興而發，她的鮮事有一籮筐子。然而，一年後，文文體重驟減，瘦得跟猴子一樣，頗難想像從前曾是肥肉滿身的胖子。

她變得不愛說話，除了吃飯，整日就靜坐床上，無論大家再怎樣「挑逗」，也激不起原本愛跳舞的興頭。文文全變了，簡直是判若兩人，沒人知道爲什麼，也沒人探討過原因。

「大師兄」是我們給他取的綽號，重度智障，是個大斜眼，不會言語，只會發出咿咿呀呀的聲音，聽得懂說話，但要說廣東話，因爲他是廣東人，家人都跟他說廣東話。記憶中，家人來探望他的次數，比起其他智障的孩子，要算他最多了，但所謂的「最多」，也只是半年一、兩次而已。

我們吃飯是採用自助餐式，一人一份，裝在鐵製的餐盤中。論起大師兄的「飯量」是驚人的，給他添多少，他就吃多少；有些人惡作劇，把吃不完的剩飯剩菜，全倒進他的盤子裡，他依然全部吃光光，沒人曉得他究竟能吃多少？飽了沒有？其實，他的「坐功」才是厲害，不愧是名副其實的「大師兄」啊！一張床就是整個天地，除了吃、拉，整天就呆坐其上，由天明坐到地暗，從春夏坐到秋冬，看樣子，他將歲歲年年永遠地坐下去……

比起崔保神、蕭文文、大師兄，「廣澤」的命運則更爲乖舛淒楚，他沒有家、沒有親人，也不知道自己姓啥名啥。他是從另一個機構轉過來的，其實，諸如此類的例子實在不足爲奇，廣慈被送來的孩子，幾乎全是遭家人唾棄的可憐兒。「廣澤」這個名字還是來後院方替他取的。

廣澤最初來時，有嚴重的「自虐狂」，常把臉打得累累傷痕、血流滿面。所以，他的手一直是被綁在背後，後來，這種毛病也不知怎麼地改好了。廣澤聽得懂意思，簡單的像倒水、撿撿東西等意思，甚而幫忙推輪椅，他倒是個稱職的幫手。至於說話，一般都是重複著別人的話，偶爾，也能聽到他優閒的哼著自電視上聽來的歌曲，音調還滿準確的。

說起阿桂，不免令人有幾分戰慄，她的長相就跟恐怖片的鬼怪一樣；尤其是牙齒，凹凸凌亂，枯黃灼黑，有如烤焦的玉米。阿桂身材短小、無法言語，且富有攻擊性，他會突如其來的推你一把，然後，露出牙床，發出低沈的笑聲，迅速跑開，所以，當你感到背後有拖鞋聲跟著時，最好小心爲妙。

阿桂的父母早逝，唯一的親人，就是年屆九十高齡的「阿祖」。她最高興就是阿祖來看她，整個人頓時全變了，變得安靜順從，坐在一旁，乖乖地讓阿祖餵她帶來的食物。阿祖要離開時，依依難捨，她每次都是淚流不止。這是怎樣的一種情愫？令人退避三舍的「恐怖份子」竟然會掉淚？大家眼中的「白癡」，也有一份親情？多麼感人的至眞至性啊！每每想起，心爲之悸動，眼睛也不自禁的出汗了。

由於人力的不足，通常一個保母要照顧二十個院童，最頭疼的就是這些低能兒了；隨處便溺，亂跑亂鬧，根本忙不過來。就曾有過一個人跑丟了，害保母阿姨被記了一次大過。爲此，所裡做了最不人道的措施，那就是特闢一間房間，裝上鐵門，來關一些「病情」嚴重的人，只有吃飯時才放他們出來。另外，每餐飯後便給他們吃「鎮定劑」，以「鎮壓」這些人的情緒，這些策略確實有效的達到管理的作用，不過，他們也越變越呆、越變越笨，廣澤即是如此，往後就很少聽到他哼歌了。

這些智障的孩子，每一個人都彷彿是一個說不完的故事；比起其他有家人關愛、能接受啓智教育的孩子，他們的遭遇則更爲不幸。記得那時尚是學生的我們，對他們頗爲羨慕，不必寫字，不必考試，也沒有什麼煩惱，整天就是無憂無慮的玩耍；我們上學時，他們還呼呼地睡得正甜呢！如今，這些羨慕早已化作深深的同情了。

有句話說：「當上天關閉了你這扇門的同時，也必爲你開啓了另一扇窗。」例如：盲者的聽力格外敏銳，聽障者觀察十分入微。所謂「天無絕人之路」，不是說每個人皆有長處嗎？然而，對於這些「智障」的孩子，我不明白上天爲他們開啓的是哪一扇門？他們又有什麼過人之處？層層的問號，在腦海中載浮載沈。

聯合勸募協會秘書長周文珍，曾說起他有一位十四歲心智障礙的姪女叫安安，安安的父母不止一次的在禱告中這樣說著：

「感謝上帝，將安安賜給了我們，在她的身上我們看見了單純的靈魂，也看見了我們的困乏；因著她，這個家經歷了患難，也學會了忍耐，更學會了盼望與謙卑。」這似乎讓我看見智障朋友存在的意義了！

我離開廣慈後，聽說這些朋友被送到了「台北市立陽明教養院」，往後，他們的命運又將會是怎樣？誰還會繼續傳誦著他們的故事？

只在此山中，雲深不知處。

吃雞腿在廁所

所謂的兩菜一湯，真的是名副其實的「菜」，也就是純蔬菜，「湯」就是清湯，你甭想在裡面發現什麼新大陸，只好過比白開水有味道。

一支香味四溢的雞腿，竟獨自在臭氣沖天的廁所享用，到底發生了什麼事情，會產生如此不協調的畫面？

這樣畫面的時空，是要回到三、四十年前的台灣。當時，物質貧乏，大部分人的生活都過得十分清苦。青少年的我，是在廣慈長大，這是一個屬於台北市政府之下的慈善機構，捉襟見肘的經費預算，最明顯的就是反映在我們的伙食上。

每天的早餐都是吃稀飯，固定只有一種菜色，那就是醬瓜和豆腐乳輪流替換。在千篇一律、沒有變化的情況下，吃久很容易就吃膩、吃怕了，所以，有些人是不吃早餐就去上學，遇到休息的星期假日，早餐的飯廳格外顯得冷清。

會有那麼幾天，大家不再賴床貪睡，在保母的「通風報信」下，餐廳裡人聲鼎沸、座無虛席，不是有什麼長官或大人物蒞臨致詞，主要是菜色不一樣了，餐桌上出現了「油炒花生米」。只見眾人食指大動，在餐具撞擊聲此起彼落下，胃裡已裝進了好幾碗稀飯。直到現在，我還是很喜歡吃炒過的花生米，而醬瓜、豆腐乳則成了拒絕往來戶。

記得有一次，早餐吃牛肉稀飯，那眞是廣慈的大事，每一個人的肚子都鼓鼓的，口中連說著「好撐」啊！

當時，我算是常去吃早餐的人，或許在一成不變的菜色中，仍帶著一絲期待吧！

廣慈的午餐是兩菜一湯，盛裝在鐵製的餐盤上，一人一份，就像現在到自助餐店吃飯一樣。所謂的兩菜一湯，眞的是名副其實的「菜」，也就是純蔬菜，「湯」就是清湯，你甭想在裡面發現什麼新大陸，只好過比白開水有味道。

只有在逢年過節，才會看見大魚大肉，湯也換成了蛋花湯或酸辣湯之類的。

兩菜之中，最常替換的一個菜就是「滷蛋」，吃多了，也會使人胃口盡失。廣慈的菜色中偶爾出現了充滿金黃色澤的「荷包蛋」時，最令我食慾大開，所以，經常期待滷蛋能被荷包蛋取代，然而，這樣的期待，像期待奇蹟一樣的困難。後來才知曉，廣慈復健所、育幼所、敬老所吃飯的人加起來，超過千人，滷蛋買現成的方便處理，而荷包蛋一個個煎，煞費功夫，可能煎到廚師手軟、手痠，從天亮到黑夜才吃得到。

現在的便當，不知道爲何一定都會有一顆滷蛋，所以，我都把它分送出去，若能改成荷包蛋那該多好啊！

廣慈的院童，朝夕相處在一起，彼此互相幫忙，如兄弟姊妹一般，所以有什麼好吃的東西，當然也是共享的，這個人分一點，那個人分一點，東西回到自己手上時，已經所剩不多了。我在生活起居上，需要別人協助的地方很多，所以當朋友要求分享時，常常會不知該如何來拒絕，這也造就了我日後的個性，常爲解決別人的問題，苦了自己。

有一次，家人來看我，除了留下零用錢，還有一支雞腿，等家人離去後，爲了怕被其他的朋友撞見，於是用衛生紙包住雞腿，到最安全的廁所「獨享」。

香香的雞腿，在臭臭的廁所吞嚥，仍掩不住其味美好吃，一口接一口的啃食，連骨髓也不放過，眞是人間美食啊！

廣慈的晚餐吃得早，五點多就結束了，正値成長、發育年紀的我們，八、九點肚子就會餓了，而平日省吃儉用存下的零用錢，便可以發揮功效，最便宜的選擇就是「泡麵」，它也成了消夜的最佳食品。如今，我對泡麵望之卻步，或是百年之後作古，遺體有可能變成「木乃伊」，這都是拜廣慈所奠定的根基。

認識阿龍，是結束這段吃泡麵歲月的開始，阿龍撐雙楞、雙腳穿肢架，剛來廣慈時，長得瘦瘦的，後來越來越胖，就再也沒瘦回去了。

阿龍的家境富裕，家人一星期會來探望一次，然後留下許多錢，和令人垂涎欲滴的食物，到現在還有印象的就是「排骨酥」。可是他上鎖的櫃子卻常被撬開，裡面的佳餚美食也不翼而飛了，「兇手」是誰？當然沒人知道，在當時大部分的人都沒有零用錢，連最廉價的泡麵也不是每個人都吃得起的情形下，會出現兇手這號人物，也就不足爲奇了。

和阿龍結緣是在他上國二那年，學期剛開始，在一個星期天的晚上，他匆忙地跑來找我，因爲貪玩功課沒寫，請我幫他寫書法、週記。當時，這兩樣功課都必須用毛筆來書寫，哪裡會想到，當他的書法、週記發下來時，老師的評語是「字跡娟秀、令人激賞」。爲了不讓此事「穿幫」，此後我便成了阿龍長期的「槍手」，而他給我的回饋就是零用錢和美食。

放學後，有時一看菜不好，就不吃晚餐，阿龍坐著輪椅，猶如火車頭，我用手拉著他輪椅的把手，彷彿車廂一般，跟隨在後，這一列輪椅火車，要去院內的福利社吃晚餐囉！我最常點的就是雞腿飯，他則是排骨飯，那一段日子，忒是難忘。

現在，我還是很喜歡吃雞腿，可是任我怎麼品嘗，也找不回從前那麼好吃的「味道」了。

金字手足

在記憶的行囊中，找不到爭吵與記恨，只有彼此的扶持和關懷，或許這是父親取名字時，始料未及的結果。

父親不懂姓名學，卻是取名字高手，在我們手足名字當中，都有個「金」字，而且是單名，我叫「劉銘」，大弟「劉鈞」，小弟「劉鎧」，么妹「劉鋆」。許多人不會唸「鋆」（ㄩㄣˊ）這個字，常常會唸成「均」這個音，以往家中有郵差送掛號信來，喊著劉（ㄐㄩㄣ），弟妹便會互相推說是對方的信，要對方下樓去領取。

問父親爲何會給我們取單名，他說好叫、好記，還有查榜單時「好查」。事實上也是這樣，在許多場合中，我們的姓名較容易被人牢記。父親以前是當老師的，有些人認爲他一定是教國文的，才會如此有學識，給孩子們取這麼不俗的名字，想不到他是教硬邦邦的數學吧！當初，不知他哪來的神來之筆，竟會有如此的靈感，爺爺在世的時候，還常說父親是沒有文學素養的人。

喜歡父親爲我取的名字，廣播節目用的就是本名，而不需像有些人取個響亮或詩情畫意的藝名來替代。

至於，父親爲何會在我們的名字中都有個「金」字，他也說不出個所以然，我們猜想或許是那個年代大多數的人物質生活並不富裕，所以，在每個孩子名字中加個「金」字，期望日後能帶來金銀財寶。

我們家小孩的年齡都各差兩歲，未唸小學之前，家住霧社，當時，妹妹還小，對她沒什麼記憶，只記得都是和兩個弟弟玩在一塊。有一次，我扮了

「鬼臉」，眼睛睜得大大的，臉上的肌肉扭成一團，然後伸出長長的舌頭說：「鬼來了，鬼來了！」嚇得他們拔腿就跑、奪門而出，正為自己「扮鬼」的功夫而竊喜時，才發覺屋裡竟變得空蕩蕩的，只剩下我孤獨的一人。

活該，這叫作「得不償失」「自作自受」，發覺到現在自己還有這種愛惡作劇的習性。

和弟、妹相處可說聚少離多，我九歲便離家在外，住在「台北市立廣慈博愛院」十三年之久，當時，只有寒暑假的時間，才能和他們相聚在一起。弟妹十分歡迎我回家，因為我可以幫忙他們寫寒暑假作業，前一陣子，小弟翻出過往舊物，透過電話唸了一篇小學替他寫的日記，開頭就是「亞里斯多德曾說『人是感情的動物』……」哈～～原來從小我就喜歡引經據典，這麼「愛現」，話機中的銅片，被我們兄弟倆咯咯的笑聲，震得清脆響亮……

那時候，家中沒有輪椅，從早晨起床至晚上就寢前，整天都坐在沙發椅上。有一次，弟、妹怕我無聊，跟鄰居借了嬰兒車，推我去戶外走走，只是我有些不自在，十分尷尬，路上的行人都投以好奇的眼光，我跟弟弟說：「人家一定在想，嬰兒車裡怎麼會坐著一個超級巨嬰。」於是催促著趕忙回家吧！

最記得弟弟們第一次帶我去看電影，那時候，家住在宜蘭，大弟在前面操控著腳踏車，我坐在後座，小弟則在後頭緊緊的扶著我，兩人就這樣通力合作，一步一步推著腳踏車走到戲院，然後再揹進戲院的座位，那部電影叫「飛龍斬」，是武俠打鬥片。回程中，也是這樣推著腳踏車，一步一步走在回家的路上，高聳銀白色的路燈，將我們三人的身影，拖得好長、好長啊！

走筆至此，往事歷歷在目，宛如昨日，不知他們還記不記得？

剛回家的前幾天，常會脫口而出喊錯名字，把弟、妹叫成廣慈夥伴的名字，等到喊熟了，少有差錯時，寒暑假也即將結束。在最後幾天的倒數中，心情一天比一天沈重，因爲就要離開家，回廣慈了。在臨行的前一天晚上，我們兄、弟、妹會躺在床上，聊到好晚、好晚，聊到依依難捨、淚溼枕頭，大家抱在一起哭，當時，好盼望黎明不要來，永遠不要來……

離家的當天，桌上擺滿媽媽親手烹調，都是平常我最愛吃的菜餚，然而，一時間變得食不知味、難以下嚥，以往飯桌上快樂嘻笑的氣氛，頓時都變得沈默下來，大家一言不發地扒著碗中的飯菜。

最難熬的時刻，便是當父親揹我上公路局客運，我不敢正視車窗外來送行的弟、妹，因爲眼眶早已佈滿淚水，我只好用力咬痛嘴唇，來分散注意力，不讓淚水氾濫。我不想讓家人曾見我的難過，我想讓他們看見的是一個堅強的「大哥」，當時，一個只有十來歲的小孩，就要承受離別的苦楚，是何等的悲傷與難忍啊！至今想起，仍是淚眼婆娑。

如今我們兄、弟、妹都各自成家立業，平日忙於自己工作，所以還是聚少離多，但是，每隔兩、三個星期，總會相聚一次，吃吃飯，或是盡盡「孝道」，陪爸媽摸個八圈。每當有一些大事需要處理，還是會如以往一樣地召開家庭會議來討論，像我的蜜月旅行到夏威夷，全家大小都一起參加，還兼具了家庭旅遊的性質。

大弟是家中最會讀書的人，清華大學碩士畢業。記得聯招那年，他同時考上國防醫學院和中原大學資訊系，爲了家裡經濟的考慮，放棄了興趣，選擇了學費低廉的醫科，父親知曉後，特地至學校把他「贖」了回來，否則，就不會有今日「凌華科技」這家公司了。這是他白手起家創辦的公司，由於認眞打拚，今年公司股票正式上櫃，不但改善了家中經濟，連帶也讓他的手足們分享了「福澤」。

小弟是家中運氣最好的人，我覺得他唸書不怎麼用功，但卻也「混」到了大學畢業，他就讀中原大學數學系，家人都爲他畢業後的出路擔心，然而無巧不巧，他竟然考上了長榮航空，成為人人稱羡的「機長大人」。另外，他也是家中的「馬蓋仙」，任何機器類的東西損壞，只要經過他的巧手，皆能賦予其新的生命；平常在家他猶如沒有骨頭的毛毛蟲一樣，癱臥在沙發之中，頗難跟穿上制服、帥氣英挺的機長聯想在一起。

么妹是家中最有文采的人，國、高中時期，曾榮獲全省作文比賽第一名。輔仁大學英文系畢業的她，之前擔任廣告公司的創意總監，前年，毅然決然地辭去了高薪的工作，嫁到香港去當「美少奶」，大部分的時間就是看書、寫作，以及陪同當導演的老公，到各地去拍片。目前，我們在比賽誰的「處女作」先孵出來，屆時，便可舉辦兄妹聯手簽名會。

我則是家中最堅強的人，小兒麻痺症、腎結石、痔瘡等疾病全由我承擔，誰教我是「大哥」呢?或許上天覺得我最有勇氣、耐力，能夠禁得起這一切疾病與苦痛，因此，才把「大哥」的任務交託予我。這年頭，大哥不好當啊！君不見有好多「大哥」，被送至綠島，唱著小夜曲，吃著牢飯。小弟表示，沒有這些磨難，我也不可能當選「十大傑出青年」，因爲，這並非學歷高或是有錢人的專利品。這讓我想到，有些政治人物，坐過牢，反而成爲他爲民主打拚的榮耀光環，而「十傑」，或許是上天眷顧我爲苦難打拚的光榮烙印。

感謝父親賜下的「金字招牌」，而我們也沒有辜負他老人家的期望，雖不致每個人都「多金」，但也不虞匱乏，最珍貴的，反倒是獲得了如「金石」般的手足情誼。在記憶的行囊中，找不到爭吵與記恨，只有彼此的扶持和關懷，或許這是父親取名字時，始料未及的結果。還好父親一視同仁，每個孩子名字中只有一個「金」字，若是某個人名字中，取了有三個金的「鑫」字，那可能就擺不平了，搞不好也不會有今日兄友弟恭、父慈子孝的景象了。呵呵～

老白頭

這一段時空，我是他的心肝寶貝，他是我完全的依靠，我可以感受到他的脈動心跳、可以嗅到汗漬氣味，依偎在父親的背上覺得好溫暖啊！

含淚目送著父親的背影，消失在沈沈暮靄之中，這一幕永生難忘、無法抹滅；時間宛如大地震，這一晃動就是三十年，而幕中這位父親，也從滿頭黑髮的壯年人，搖身一變，成了白髮蒼蒼的銀髮族。

爺爺白髮皤然，或許是家族遺傳，父親也是如此，我們曾多次鼓吹他去染髮，他都回絕了，於是給他取了「老白頭」的綽號，有朋友說我大概也難逃這樣的「髮運」！我不以爲意，「白頭」總比「禿頭」好，每個人都會變老，如果頭頂上一定要選擇其中的一種，我寧願白頭，因爲那是智慧的結晶、成長的冠冕。

有些人覺得四個孩子中，我長得最像父親，其實，除了長相，我和父親的聲音，也十分「神似」。之前，我和父母住在一起，有一次，伊甸的前公關史桂蘭打電話來：

「請問劉銘在嗎？」

「他不在，出去了。」父親接的電話。

史桂蘭聽這個聲音很像我，以爲我又在「裝腔作勢」地唬弄她，於是又問：

「那你是誰？」

「我是他爸爸。」父親客氣地回答。

史桂蘭心想，要玩就來玩，誰怕誰，接著就說：

「如果你是他爸爸，我就是他媽媽！」

事後，當史桂蘭轉述給我聽時，我們都哈哈大笑。

話說老白頭的故事，那要從民國三十八年五月說起。那一年，河山變色、大陸淪陷，爺爺、奶奶帶著一家人，自北京千里迢迢來到台灣。父親排行老二，上有姊姊、下有弟弟，再加上大爺、姑爺、姑丈這些親戚，一家八口。爺爺回憶當時下了基隆港，身無分文，舉目無親，後來透過老長官的協助，在台中力行南路落腳，並開了一家麵條舖，靠著販賣自製的麵條維生，來養活一家八口。

父親來到台灣才完成大學教育，讀的是台灣大學經濟系，他並未從商，反而是投入教職工作，擔任老師。他任教的第一所學校，是位於窮鄉僻壤的南投縣仁愛鄉力行國小，因而結識居住在當地的原住民姑娘，很快地兩人便戀愛、結婚。

我們家也隨著父親工作的調任而不斷搬遷。打從有印象開始，父親就在霧社省立山地農校當老師，影星湯蘭花小姐還是他教過的學生。父親年輕時，是個英俊挺拔的大帥哥，曾看過他服役海軍時的照片，眞是帥得無以倫比、帥得魅力難擋、帥到最高點。我們都認爲如果最初父親去從事演藝工作的話，一定也是**Super star**。

父親的個性急躁，凡事要求速戰速決，稍不順心或東西找不到時，火氣就立刻上來，大發脾氣。小時候的我們，總是對他敬畏三分，而母親則是忍氣吞聲。有趣的是，父親在生氣之前，鼻子會發出一種如同響尾蛇尾部斷斷的聲響，這樣的預警，讓弟妹們可以提前溜之大吉、逃之夭夭。所幸，父親的脾氣像一陣風，來得快，去無蹤。

隨著歲月的增長，現在父親的脾氣變得溫和柔順多了，反倒是以前默不作聲的母親，脾氣變大了，常動不動就責備父親，換成父親扮演起「逆來順受」的角色，或許這就是夫妻間所謂的「相欠債」。

我和父親聚少離多，未去廣慈前，記憶中有苦、有樂。苦的是，父親爲了讓我殘障的雙腳不致萎縮、變形，於是向人學來了一些復健的方法，每晚臨睡前，替我扳腳、拉筋、搓揉等等，痛得我哇哇大叫、苦不堪言，每每做完父子倆都是汗流浹背。樂的是，復健做完後，有時，趁弟妹們睡著了，父親會揹著我去看晚場的電影，以及吃消夜，每當嚼著好吃的東西，之前所受的苦，似乎早已拋到腦後，忘得一乾二淨。

離家在外生活的十三年，和父親最親密的接觸，就是他揹著我，來去廣慈和埔里家中這一段漫漫長路。記得，先是乘坐公路局客運，再換搭火車至台北。途中，一定會吃火車上的排骨便當，裝在圓圓鐵製的容器內，每當開啓蓋子的一刹那，香氣撲鼻而至，金黃酥脆的排骨，以及貼滿飯面的菜餚，忒是美味可口。去年，鐵路局餐廳限量推出了古早的排骨便當，民眾搶購一空，我也躬逢其盛，卻再也吃不出童年時的「美味」了。

抵達車水馬龍的火車站，父親揹著我，沿著停靠路邊的計程車，彎著腰一輛一輛詢問車內的司機，是否有打折（以前的計程車是可以討價還價的），如果有折扣，我們才坐。這一折騰，耗費了他不少體力，也弄得滿身大汗。

下了計程車，還要辛苦地揹著我走好長的一段崎嶇山路，才能抵達廣慈。這一段山路，我緊緊地貼在父親的背上，和他嘰嘰喳喳說個不停。這一段時空，我是他的心肝寶貝，他是我完全的依靠，我可以感受到他的脈動心跳、可以嗅到汗漬氣味，依偎在父親的背上覺得好溫暖啊！

父親今年七十五歲，身子骨依然健朗，能吃能喝，他說這都要歸功於兩件事：第一，做運動。父親每天早晨醒來，固定做一個多小時柔軟體操，十年如一日，從未間斷；第二，喝牛奶。做完運動後，便會泡一大杯牛奶喝，父親認爲這是預防骨質疏鬆症最有效的保健之道。

每當，打電話回家請安問候，問起家人的近況時，父親都會這樣回答：「人家不說，我也不問；人家說了，我就聽。」這是父親最常掛在嘴邊的一句話。一般爲人父母，對於子女總是問東問西、管這管那，如此卻往往帶給子女許多壓力或困擾，容易造成親子間的疏離與隔閡。父親從以前對我們的管教方法，就是「禁不如放」，給予完全的尊重與信任，或許就是基於這樣的教育理念，我們父子之間，少有代溝，可以像好朋友一樣，放心地無話不談。

另外，值得一提的是，由於父親的以身作則不抽菸，所以我們手足之間，沒有人吞雲吐霧，家裡空氣清新、沒有污染。我認爲「關懷」和「榜樣」是教育的不二法門，相輔相成，缺一不可，我在父親的身上，看見了這樣的道理，以及他的身體力行。

在父親的身上，唯一可以找到老化的現象，或許就是他常說的「現在，最好的就是『忘性』」，很多時候，他總是忘東忘西，東西常常不知道放在哪裡，但說也奇怪，講到以前過往的事，他可是如數家珍、記得一清二楚。

週休二日，老婆會推著我搭捷運回板橋探望爸媽，陪他們吃吃飯、聊聊天，離開時，父親總是送我們到捷運站。曾幾何時，輪到他目送我們漸離漸遠的背影，在水銀燈光照耀下，瞥見他白髮閃閃發亮，突然間，我回過頭來，不敢正視他，透過電梯的鏡子，看到背後遠遠的父親仍駐足在那兒，直到我的眼前一片模糊，電梯的門緩緩關上。

翻開戀愛史幾頁

「另覓他人」只是一種逃避，問題依然存在，並未解決：再說，我還有幾個八年，再談一段刻骨銘心的愛情呢？

戀愛、結婚，許多人有著百般的憧憬，對殘障朋友卻是困難重重、傷痕累累。小時候，覺得結婚是非障礙者的專利品，對我是遙不可及。我認爲沒有人會喜歡我，當然，我也不可能結婚。慢慢地，年長一些，曾偷偷地想過，如果有個女孩，願意下嫁給我，哪怕是多重障礙，肢障、眼盲或失聰，我都會感激涕零。

如果「殘障」是上天給我最帶大的不幸，那麼祂給我最大的補償就是

「異性緣」。從國中開始，到步入社會，即使待在家裡的十年裡，「女朋友」也是一個接一個，從未間斷。

國中時，廣慈有個女孩叫阿娥，她對我的印象很好，常會請我吃一些小東西，或送些小禮物，我們沒有單獨約會過，唯有的約會，就是和眾人在文康室裡一起看電視。

看電視時，阿娥撐著枴杖，站在我後面，用手扶著我輪椅後的把手，當時，猶如牽著我的手一般，感覺好貼近啊！她洗完澡後，身上會帶著肥皂的香味，或是明星花露水的清香撲鼻而至。回想，那一段和她一起看電視的日子，年少時純純的喜歡，不免令人會心一笑。

高中，我唸的是女生占大多數的松山高商，萬萬想不到，二年級時，接獲一位同年級、不同班別的女同學的來信，她叫小藍（化名），信中對我吐露愛意，句句情眞意切，令我錯愕不已。剛開始我認爲一定是弄錯了，或是有人惡作劇，因爲小藍在校內頗有知名度，是她們班上軍歌比賽的指揮，也曾當過健言社社長，而我只是沒沒無聞、又身有殘疾的小人物，即使在女多男少懸殊比例的學校中，男生算是稀有「珍寶」，但左思右想、前想後想，怎麼也不可能會看上我？後來，又接獲幾封她的來信，甚至，信中還表示，如果我眞的無法接受她，她願意成爲我家的女傭，這樣就可以天天看到我、陪伴我。那時，我才千眞萬確地肯定，我已經中了邱比特的箭，高唱著幸福進行曲，開始了一段轟轟烈烈的愛情。

從此，我的生活彷彿登上了雲端，中午學校的午餐，再也不需吃廣慈油膩膩的便當，取而代之的是，小藍準備菜餚豐富的便當。有錢的時候，我們就坐計程車；經濟拮据時，小藍就揹著我搭公車，或推輪椅，走上好長的一段路去看電影、吃東西、風景區遊覽。所到之處，盡是我們如膠似漆的身影，空氣中蕩漾著愛的笑語，廣慈的夥伴見了都好生羨慕、稱道不已。畢業後，我們仍交往了兩年，最後，在她家人的極力反對下，我們痛苦的分手了。

之後，我與現在的老婆淑華開始交往，那時，正是我開辦兒童作文班之際，除了教授作文外，每次還教小朋友背誦一首唐詩，到了晚間，我再把唐詩在電話中背給淑華聽，並講解詩中的意思與情境，漸漸地她被我的文采所吸引，哈哈，殊不知我不過是現學現賣、照本宣科罷了，我們的戀情也自此開始。

經過八年的愛情長跑，歷史又重演，同樣的問題又出現，淑華的母親告訴她「劉銘人是不錯，但我只希望他當我乾兒子，而不是女婿」，這一番話讓我十分氣餒、喪志，我不明白，難道我身上其他優點的總和，都抵不過外在的缺陷嗎？

曾經一度想放棄這一段感情，另覓他人，我還想過，乾脆結交個孤兒，這樣就不會有對方父母的反對和阻力了。可是，繼而一想，感情的事，可遇不可求，哪會幸運地再遇到一個兩情相悅、而對方又是孤兒的女孩呢？其實，「另覓他人」只是一種逃避，問題依然存在，並未解決；再說，我還有幾個八年，再談一段刻骨銘心的愛情呢？於是，我決定面對問題、接受挑戰。

我認識一位殘障朋友，當去拜訪女方家長時，家人知曉女兒竟結交了一位撐雙枴的男友，氣得拿掃帚把他趕出門外，最後，兩人還是不顧反對的聲浪，公證結婚去了，但結婚喜宴上，女方家長想當然耳地缺席了。

爲了不讓自己重蹈友人的覆轍、尷尬難當，並希望得到女方家人的祝福，我想出了「地方包圍中央」的策略，這中央是指淑華的「父母大人」，地方的最外圍則是她的朋友，先和這些人建立好的關係，請他們替我向中央多多美言。最外圍人際打通之後，再往前進入第二環，那就是她們的親戚，主動去認識他們，並使他們看見我許多的優點，這一關打通之後，便到達最內層，也就是淑華的手足，我從參加她們家庭聚會開始，到卡拉ＯＫ聯誼活動等等。

大家都知道，旁人的一句美言，要抵得上我說千百句好話，有效的多了；試想，這三個環節都暢通無阻，並且願意為我說好話，我「直搗」中央的機會則大大的增加了。

提親的那天，果然十分地順利，並未遭受「掃地出門」的噩運，八年的抗戰，總算奏起勝利的凱歌。結婚典禮當天，喜宴設於美麗華大飯店（取其「美麗淑華」之意），監察院長夫人錢田玲玲女士擔任證婚人，警察廣播電台總台長趙鏡涓女士為介紹人，中國時報浮世繪版主編夏瑞紅小姐，特別請人撰寫一篇文章，結婚當日同步刊出，非常感謝這幾位我生命中的貴人。另外，原本席開二十五桌，竟不預期的湧入了大批賀客，最後，變成了四十桌。

那天，淑華被風風光光、熱熱鬧鬧地迎娶入門，不時瞥見岳父、岳母合不攏嘴的笑臉，相信他們已經放心地把淑華交託給我，且許下滿滿的祝福。

如今，丈母娘逢人便誇讚我的好，對我更是疼愛有加，正應驗了中國人那句俗話——丈母娘看女婿，越看越有趣。因爲我和老婆約法三章，週休二日，不論多忙，一定會陪岳父母吃頓飯。

我時常勉勵自己、並與他人分享的一句話——若我想要，我就會找到方法；若我不要，我就會找到藉口——這也是我在面對許多困難、挫折時的人生態度。

今年，是我結婚七週年，有人問我是否會有「七年之癢」？我想，這話問錯人了，這千辛萬苦、好不容易爭取到的婚姻，我當然是格外珍惜，豈能任意糟蹋。

另外，在世俗的眼光中，總認爲一個非殘障者會嫁給殘障者，是一種委屈、一種犧牲、一種偉大的表現，因爲她要照顧他一輩子，然而，我不認爲「照顧」指的只有行動方面，還包括許多的層面，像我老婆給予我生活起居上的協助，我也回饋她精神方面的「照顧」，譬如開啓她正面思考的態度、讓她的靈魂有所寄託與安定等。

若是想通這一點，並且找到平衡點，也就是彼此都能「付出」，而非有一方永遠的「給」，另一方永遠的「受」，如此婚姻相處的天平，才不會出現傾斜、不平衡，或是誰虧欠誰的心理。此時，不論外界用「下嫁」或「高攀」等字眼來評論時，你皆能從容自若、毫不在意，夫妻的感情才能禁得起考驗、歷久不衰。

一般人會以爲殘障者和非殘障者的婚姻，非殘障者需要做很大的調適，其實，殘障者何嘗不是如此。更擴大來說，不論殘障與否，當兩個不同個體的結合，雙方都需要學習、調適。我就聽過一個殘友表示，她寧願選擇殘障者為伴侶，因為她無法接受，一旦兩人有所爭執吵架時，對方脫口而出「你們殘障者就是這樣……」這會讓她抓狂，難以「逗陣」下去。因此，我才會強調，相互的「回饋」非常重要，這樣才不致有一方高高在上、一方委曲求全，因為，婚姻並不能靠「委屈」得全。

感謝生命中陪我走過每一段戀情的女孩，每一次的分手，都讓我學習更多的體諒與堅強，謝謝你們給予我的愛，讓我學會珍惜現在的幸福。

輯二

我和大家都一樣

給我抱抱

我常想，每個曾經抱過我的人，在他們舉手之勞、行善的過程裡，我能給他們最大的回饋，就是讓他們看見自己的「幸福」。

在茫茫人海裡，我竟然和許多人有著肌膚之親的「抱抱」。

由於，手腳嚴重萎縮、四肢乏力，必須一輩子坐在輪椅上。所以，成長的路上，就是仰賴著別人抱上、抱下，這樣一路的「抱」過來。

從以前到現在，不管如何吃、喝，所幸體重始終維持在「三十八」公斤。自己相當慶幸有這樣不算重的身軀，這樣大部分的人，才能抱得動。

讀書的時候，學校沒有電梯，教室在三樓，每天，就靠著同學抱上、抱下，完成了國、高中的學業；從前家住三樓，出門也是靠父母、弟妹，這樣抱來抱去，才出得了家門、進得了社會。

畢竟，這些都是「自己人」，不致拒我於千里，而真正困難的開始，是外出工作時，抱我上、下車的任務，必須交託給許多的「陌生人」。

剛開始上下班，都是搭乘計程車，理所當然就要勞煩駕駛朋友，先將我抱上車，再把輪椅收進後車箱。有人樂意協助，有人自認倒楣，並將所有的無奈寫在臉上。

現在，李燕專門接送，就不需要搭計程車了。由於，她也是一位殘障朋友，所以，抱上、下車的事情，就轉由「路人甲、乙、丙……」代勞。

在「尋人」的過程中，年輕力壯的男生是第一目標，最喜歡找情侶中的男士幫忙，絕大多數的人，都不會拒絕，因爲這是他們在女友面前展示愛心的最佳時機。每每任務完成之後，男士都會顯露出「英雄本色」的神態，而一旁的女孩，則回應「你好棒」的微笑，於是，兩人手牽手，歡喜的離去。

大部分的人，都十分樂意幫忙，也有少數人會主動詢問，是否需要幫忙，這是最令人窩心的感覺。當然，也會有人狐疑而拒絕，我總是替他們設想，或許他們被騙怕了，擔心這又是一樁「騙局」。

在抱過我的人當中，以男性最多，但也不乏一些女性。有人曾打趣的說，你真是豔福不淺啊！他們有所不知，在抱的過程中，我只求能安全「降落」，豈敢有「非分」之想。有一次，一個熱心的女孩，自告奮勇要抱我，在吃力的搖晃下，結果，我被摔在地上。

最驚險的一次，是到國家戲劇院欣賞舞台劇的表演，抱我下車的人，不懂方法，把兩隻手都扶著我的屁股，正當發覺情勢不妙，想告訴他時，上半身已如自由落體一般，往地面掉落，我心想「這不死，也剩下半條命」，所幸，整個身子剛好落在輪椅把手之上，只有臉部受到一點擦傷，真是不幸中的大幸，我在想一定是平時自己心存善念、樂於助人，才會有驚無險、逃過一劫。

之後，每當有人抱我，我都會告知正確的方法，也就是像抱孩童一般，一手抱腳，一手抱身體，這樣抱我的人既省力，被抱的人也安全無虞。

我常想，每個曾經抱過我的人，在他們舉手之勞、行善的過程裡，我能給他們最大的回饋，就是讓他們看見自己的「幸福」。

一般人對於人民保母「警察」，總有著不苟言笑、嚴肅的印象，我卻是被最多的警察抱過的人（不知是否可列入金氏紀錄？），見過他們親切又輕鬆的一面。現在，週一至週五到電台做現場節目，都是由值勤的警察抱上抱下。記得有次過農曆年，新聞媒體報導一則保警自殺的消息，此人的姓名正巧與電台警察同仁相同，在不確定是否同一人的情況下，朋友好奇的問我會不會是他？我自信滿滿的說：「凡是抱過我的人，必不可能會自殺。」事後確知，只是音同字不同的另一人。

電台的副總台長沈伯陽，是除了警察之外，抱過我最多次的人。每當我抵達或即將離開電台，只要他經過看到，就會「順手」抱我上下車。有一年，參加高公局春節連續假期交通疏導措施座談會，副座還特別跑過來問我：「要不要上洗手間？」這樣的一句話，在寒冬中，倍感溫暖，而他的主動與關懷，令我稱謝不已、推崇再三。倘若我們的社會能多一些這樣的「好好先生」，疏離、冷漠就少一點。

如今，在廣播節目裡，我用美好的聲音來給聽眾「報報」，回饋給朋友們樂觀進取的精神、智慧雋永的話語，並感謝這一路走來，每一個曾經抱過我的人，謝謝你們。

我的魔法袋

自從有了魔法袋後，不論外出、工作或活動，再也不需為上洗手間之事煩惱了！管它廁所有沒有無障礙設施，因為我隨身備有「流動廁所」。

出門在外，對我來說，其他東西都可以忘記帶，唯獨我的「魔法袋」。若沒有隨侍在側，在外面的時間，便會坐立難安，無法「暢快」地從事任何事情、參與任何活動。

大部分的肢障朋友，跨出家門，最煩惱的問題之一，就是「洗手間」一事，而這樣的困擾，隨著殘障的程度成正比，也就是越重度的朋友，需要克服的困難越多。撐枴杖的朋友，只要有坐式馬桶即可，若遇到「蹲式」馬桶，對女孩子就辛苦了；輪椅的朋友，除了前面所說的之外，還需要廁所的門夠大、沒有階梯，方便輪椅進出。其實，這兩樣要求並不過分，然而有太多的地方做不到，更有一些公家單位「掛羊頭賣狗肉」，在廁所門上貼著輪椅的標誌，可是輪椅者根本無法使用，不是門窄的進不去，要不就是進門處有一、兩個階梯或門檻，不知道這樣的廁所，是如何審查過關的？套句閩南語，這根本是「欺騙社會」，執行單位應付了事，審查單位草率失職。看看門上這張斗大、清晰可辨的輪椅標誌，變成了一種諷刺、一種人心的欺瞞，也象徵了政府效能低落的最佳證明。

因此，許多殘障朋友不得不把自己訓練成「忍者」，練就一身「憋尿」的功夫，所以，忍者並非日本才有，台灣也有一大堆。許多忍者朋友，相信都會有這麼一段不為人知、苦不堪言的日子，那就是求學階段，由於校園無障礙設施的缺乏，上廁所極不方便，所以就只好忍了，而且最好是上、下一起忍，也就是上面的口少喝水、下面的口少放水，我就是如此度過的。所幸是男生，實在憋忍不住，就找個人煙罕至、隱密之處解決。

節目裡曾訪問過一位重度肢障的女孩，她說從小學至大學，從未在外面上過廁所，都是放學後，回到家處理。

憋尿的痛苦，我深切的體認過。記得十年前，那次去美國，長達十多個小時的飛行，我就一直憋著，憋到最後，腹部鼓脹、頭皮刺麻，難過得全身發熱、好想吐，尿液似乎將自口腔翻湧而出，最後，只好硬著頭皮，請人揹我擠進飛機上好窄、好小的廁所。

這又使我想起小時候在廣慈，有一天深夜，因尿急醒來，尿壺不在床旁，我又不敢叫醒別人來幫忙，只好在床上搖呀！晃呀！最後，心生一計，在緊臨床旁的另一張床上，堆滿許多院童清洗過的衣物，我便一件尿一點、一件尿一點，化解了內急，心想到了天亮，也乾的差不多了，即使有點溼，也不疑有「我」。

一直覺得「如廁」是一件十分隱私的事情，自己處理總好過麻煩別人，所以這件事盡量希望自己來就好了。

有句話說：山不轉路轉，路不轉人轉，人不轉自己轉；就如「侏儸紀公園」這部電影中的一句話，「生命總會找到他的出口」。很慶幸自己也找到了一套「如廁」的出口，那就是我稱之的「魔法袋」，之所以冠上「魔法」二字，因為它具有多功能性，除了主要的任務——「尿尿」外，它可以吐痰、放垃圾、暈車時可當嘔吐袋，喜宴或聚會用餐時，又可變成打包袋，可謂一舉數得。

我使用的魔法袋，在五金行、雜貨店、便利超商等地都購買得到，白色、透明的，上面標示著「半斤」，因為太小的袋子，不夠用，不易綑綁，太大的又顯浪費，「半斤」的袋子剛好大小適中、恰到好處，這就是大家所熟知的「塑膠袋」。

有一年過生日，朋友家盈送我一份禮物，我邊開禮物，她邊說：「想來想去，不知該送什麼禮物給你，最後，終於想到這個對你最實用的禮物，那就是——」我打開包裝紙，赫然映入眼簾的就是好幾包塑膠袋。這才想到，她幫我丟過好幾次的「尿袋」。

我連忙說：「謝謝！妳眞的好細心啊！我是一日不能或缺，不過，袋子好像太大了！」

「這還有分嗎？」她不解的問。

「當然有了，妳送這麼大的袋子，莫非妳把我當成了『大象』。」大家聽了，一哄而笑。

自從有了魔法袋後，不論外出、工作或活動，再也不需爲上洗手間之事煩惱了！管它廁所有沒有無障礙設施，因爲我隨身備有「流動廁所」。搭飛機時，我可以想吃就吃、想喝就喝，再也無所顧慮；搭車時，管它塞不塞車，這一點我比許多非殘障者還方便，因爲很多人即使我給他魔法袋，還是尿不出來。

每天主持廣播，都是現場節目，一般主持人可以利用放歌的時間解決，可是我卻趕不及，這時魔法袋就適時發揮其功用。有時候代班，一連主持三個多小時的節目，有的音控師就對我說：「你怎麼都不用上洗手間？」

「還好啦！」我笑笑的回答，殊不知我有魔法袋護身。

剛開始，還是不好意思讓人看見我用這種方式如廁，以及請人丟棄，如今，我越來越能坦然面對。有一次，播報新聞的傅雁，看見桌上擺著一包「有料」的魔法袋，她用手好奇的「嘟一嘟」，裡面的液體隨之晃動幾下，問我：「你這麼喜歡喝湯呀？我常常看你旁邊有一包湯。」

「這不是湯！呃……這是……尿。」接下來，我都會據實以告，而她也能體諒我的不方便所採取的應變之道。

她笑笑地說：「之前，我一直以爲這是湯，或是冬瓜茶呢！」

現在，她不但會主動幫我丟尿袋，還會開玩笑地說：「如果再加些芹菜末、貢丸，就是一道美味可口的熱湯了！」

不論是私底下與殘友閒聊，或受邀至殘障福利機構演講，我都不避諱地將此經驗與之分享，特別是針對一些中途受傷、坐輪椅的朋友，希望減少他們摸索「方法」的時間，慢慢地我也了解，有些殘友也想出一些克服的方法，好比隨身攜帶尿壺、尿袋，有人則是包紙尿褲，像我這樣用塑膠帶的人尚未碰過，不管使用哪一種方法，只要適合、方便自己就好。

有些殘障朋友表示，他們也想過這些方法，然而，就是難以克服心理障礙，若是讓人知道用這些「東西」，會覺得不好意思、十分「丟臉」。我則道出自己的心情轉折，最初，我也有這樣的遲疑，但一想到，憋尿十多個小時的痛苦，與丟臉比較起來，丟臉似乎變得小巫見大巫、微不足道了。再說，如果有人知曉眞相後，應該不會覺得那是丟臉的事，說不定會對於我們面對困難、尋求方法的勇氣，深表欽佩。

也有朋友曾問我，「小號」問題解決了，「大號」該怎麼辦？有沒有遇到吃壞肚子的情形？我則表示，多年前，我就養成良好的衛生習慣，每天早晨固定會坐馬桶，處理「大號」的問題。另外，我十分注重飲食，像刺激性的咖啡、碳水化合物的飲料不喝，辛辣、冰冷的食物不吃等等，故極少有「鬧肚子」的情形；在記憶中，這十年來，這種情形只發生過兩、三次，危急時，魔法袋仍能派上用場，化險爲夷。

感謝魔法袋，化解我「大大小小」的困難，唯一的缺點就是不環保，然而，這也是不得已之策，除非，外在的環境能眞正地落實「無障礙設施」，否則，我會一直和它成爲好朋友，形影不離地相處在一起。

看我，請你看我

一旦我們的喜怒哀樂，取決於別人的眼光，這就是一種生命的「減法」，唯有不斷的建立自信，站在眾人面前，不在乎別人的眼光，這才是生命的「加法」。

大部分的殘障朋友，都不願別人看他，我卻希望別人多看我一眼。

除了俊男、美女，或是身材姣好如模特兒一樣的人，才希望別人對他行「注目禮」，大部分的人，無論殘障與否，還是不願被別人品頭論足一番，否則，就不會在新聞瞀見許多青少年，因爲「互瞄」對方一眼，就兵戎相見、大打出手。

那一年，榮獲省社會處所頒傑出身心障礙人士「金毅獎」，在基隆中正文化中心頒獎，發表得獎感言時，我說了這樣一段話：「許多殘障朋友，都不願別人看他，我卻希望別人多看我一眼。從前，我也這個樣子，害怕別人看我，因爲無法接受別人投注在我身上異樣的眼神，或許是好奇、同情或歧視；而現在，我倒希望別人多看我一眼，因爲唯有讓自己不斷地站在人前、讓人看見，這是建立自信最好的方法，也能鼓勵更多的殘障朋友走出來，所以，看我，請你看我。」

說完，台下觀眾抱以熱烈的掌聲，連當時站在一旁頒獎給我的省主席宋楚瑜先生也頻頻點頭稱是。始料未及，這樣的一番話、一個見證，宛如一顆顆種籽，播散出去，在日後發芽結果。

有一段小插曲，得到「金毅獎」的當日，有個熟朋友打電話給我，電話中我說：「告訴你一個好消息，我又得獎了！」

「什麼獎？」他並沒有顯出特別的感覺。

「『金毅獎』啊！」

「什麼？這個獎不是只要男人，都能得獎嗎？」他的聲音特別高亢。

「你好邪惡喔！」一時之間，我才會意過來，原來他把「金毅」二字，想成了「精液」二字，哈哈哈～～

和畢璐鑾小姐、陳嘉文先生成爲好友，甚至變成日後合作的夥伴，就是其中一顆種籽結的果實，因爲當時他們都是台下的觀眾。畢璐鑾是聯合報公共服務部的副主任（現任聯合報系文化基金會企劃總監），陳嘉文當時是該單位的專員（現爲金鴻兒童文教基金會執行長），如果沒有畢姐，就沒有「頌愛之旅」這樣的公益活動，就沒有我們廣播節目和聯合報每週一次同步報導殘障朋友奮鬥的故事，當然也就沒有《愛的路上你和我》這本勵志書籍的問世。

如果沒有陳嘉文，就沒有針對學校、少輔院、殘福機構所推出的「少年耶！讚哦」活動，而他的出錢出力，不但擔任「聽你說」專線顧問，也是廣青在財務拮据下，最有力的「金主」。

對於他們兩人所給予的支持和助益，無比感謝，「銘」記在心。

這一路走來，我周遭的貴人太多了，難以數計，要感謝的人太多了，難以回報，而畢副座、陳嘉文只是其中之一，我想告訴大家的是，走出來，讓人看見的好處太多了。

其實，以前我不是這樣子的。

小時候，只要門鈴響起，有客人來訪，我便自動地躲進房間，怕讓人看見我的殘障，怕讓父母覺得丟臉，顏面無光。

其實，我的個性是屬於「沈默寡言」型，以前做過的性向測驗，出來的答案也是如此，然而，我需要別人協助的地方太多了，豈能不開口，繼續沈默下去？所以今日的我，能夠在廣播節目裡，幽默風趣、侃侃而談，這都是我在個性上的「換檔」，努力學習而來的。

高三那年，我首創校內「口琴社」，強迫自己站在眾人面前，讓人看見我的殘障，覺得這是開口說話、建立自信很好的一個磨練方法。

大家只知道我歌唱得好、會主持節目，極少有人知道，我口琴吹得也不錯。記得當時利用下課時間，我就到一班班的教室去吹口琴，招募社員。第一次上課，始所未料，竟來了一百多人，把教室擠得滿滿的，還有一些人是站的上課，嚇得我連輪椅都坐不穩了，但還是有種沾沾自喜、受寵若驚的感覺。在學校我也不是風雲人物，如果要算有什麼「第一」的話，那就是有始以來第一位坐輪椅的學生。

廣播人通常不願曝光，倒不是所謂的「見光死」，而是隱身於幕後，藉著聲音千變萬化的魅力，讓聽眾產生無比的想像空間和神祕感。然而，我不能只爲自己著想，爲此，舉辦了聽友會、座談會、國外旅遊等活動，因爲一般人對殘障朋友有太多負面的想法，譬如：自卑、懦弱、孤僻、無能等等，我應該爲殘障朋友的形象而「現身」。

有一次聽友會，一位聽眾錯愕地跑來對我說：「你的聲音怎麼聽不出是殘障的人。」我很想告訴他，誰的聲音可以聽出是殘障者。這就是一般社會大眾對殘障者刻板而負面的印象，可見一斑。如果要從聲音來判斷是否殘障，那些聲音沙啞、瘖啞、粗糙的人，反倒有可能被誤爲殘障者。

那位聽眾在活動結束後，他的情緒也由最初的錯愕、接受、驚喜，到最後的欽佩，臨走時還對我：「哇！你好棒啊！眞是了不起。」

從那一刻起，我知道自己站出來，讓人看見，是爲殘障朋友加分。雖然聽眾看到的，已不是我在廣播中所說的「長得酷似劉德華」，而可能是發福的劉德華，尤其這一年白頭髮增加不少，就更像劉德華的爹了，但這一切都值得。

廣青有位殘障的志工，她說，每次在路上看到有殘障者一跛一跛的走著，覺得她們走起路來好醜、好難看啊！直到有一年，她自國外旅遊回來，看到錄影帶中自己走路的樣子，竟然也是這樣歪來扭去，難過得把錄影帶丟到垃圾桶裡去。

別人看你的感覺，不論是覺得好奇、同情或歧視，許多時候，都只是我們內心的投射，也許別人心裡什麼都沒想，只是習慣性的東張西望，看了你一眼，卻在你內心世界發酵，造成情緒起伏、難以承受。一旦我們的喜怒哀樂，取決於別人的眼光，這就是一種生命的「減法」，唯有不斷的建立自信，站在眾人面前，不在乎別人的眼光，這才是生命的「加法」。

私底下，我常攬鏡自照，對著鏡中人擠眉弄眼、頻頻稱讚自己；人群中，我常會對他們說：「看我，請你看我。」

幹什麼這樣對我

一般人都在學習如何克制自己的脾氣、減少生氣，而殘障朋友卻要學習對於自身不合理、不公平的對待，勇敢地表達出自己的「生氣」。

在殘障朋友們的身上，可以讀到一個共通的特性，那就是「逆來順受」「委曲求全」，或許因爲殘障所造成的自卑，故凡事都以這樣的特性來面對，因此，我們不敢生氣，久而久之，就變得不會生氣了。

有一次搭計程車，司機問我：「先生，像你們這樣的人，可以『那個』嗎？」

「什麼『那個』？」我心裡已經有底，他要問什麼了。

「就是生孩子啊！」司機擺出一副正經狀，卻難掩其語調的輕佻。

「當然可以囉！像我是小兒痲痺，所以沒有影響，至於有些脊髓損傷的朋友，就不行了。」我覺得這是一個很好的機會教育。

「眞的還假的？那你這麼不方便，怎麼做？」司機不以爲然地問。

「當然是眞的呀！我幹嘛騙你?!」我很認眞地說。

「那你是在上面，還是下面？」司機色瞇瞇地問。

原來，男人也會對男人「性騷擾」，我覺得很不舒服，因爲這其中不只是「不了解」而已，還含有「鄙視」的意味存在。

「幹——什麼這樣對我！」我很想脫口而出，然而「敵強我弱」，所謂好漢不吃眼前虧，我忍了下來。

後來，我把所遇到的事情問其他殘障朋友，若遇到這種問話，該如何應對才好？有位朋友表示，可以對那位司機說：「不信的話，你老婆來讓我試試看就知道了。」我知道這位殘友說的是氣話。

說眞格的，在我所認識的小兒麻痺患者中，並沒有「抹生」（台語，不能生）這樣的問題，只有「想生」和「不想生」的考量而已。就如鄭豐喜文教基金會的顧問黃俊男先生，殘障程度比我更嚴重，人家還不是生了兩個健康、活潑的小孩。那位司機低俗，我們何須跟他一樣低俗、作賤自己。

我還是喜歡自創的這句話「幹——什麼這樣對我」，戲而不謔；先藉三字經「幹」字作開頭，然後停頓，正當對方驚訝、火氣上頭之際，再接上「什麼這樣對我」，此刻，危機立即解除，由於「意思」作了一百八十度的轉變，反而會帶給人有噗哧一笑之感。其實，這句話爲的是讓自己情緒得以轉化，不用壓抑，有所出口。

另外一次搭計程車，司機問我：「聽說像你們這樣的『殘障』，會傳染對不對？」

「怎麼會？我只聽過痲瘋病會傳染，沒聽說過殘障也會傳染的。」我理直氣壯地表示。

「不騙你！我看過報紙上面有寫。」司機也不甘示弱地說。

「你是看那看哪家報紙，幾月幾號的？」我繼續追問下去。

「眞的啦！你不要再自欺欺人了。」司機顯得有些惱怒。

我不再與他爭辯，這麼做只是浪費唇舌，腦海裡出現的又是「幹——什麼這樣對我」。司機好一句「自欺欺人」，如果殘障眞的會傳染的話，他怎麼會願意載我，難道不怕我把殘障傳染給他嗎？那位司機的論點「不攻自破」，根本是他在「自欺欺人」。

廣青的志工佳穎，二十四歲時罹患「神經纖維瘤」，如今的她，脖子上裹著硬硬的護頸圈，右手拿著枴杖，直直的身軀，小碎步的走著，活像個機器人。佳穎說有一次搭計程車，司機從後照鏡看著她說：「像你這個樣子，爲什麼還要活到現在？」

如此傷人的問話，一時間，佳穎悲從中來，她強忍著即將奪眶而出的淚水反問：「你的意思是，我應該去自殺，或是當初病重時乾脆死掉算了……」

很高興看到佳穎的突破，即使處在人單勢薄之境，仍能很勇敢地「生氣」。以往，她不是這樣子，在許多的場合，或是心靈成長課程中，她都是最少話、最安靜的一個。

一般人都在學習如何克制自己的脾氣、減少生氣，而殘障朋友卻要學習對於自身不合理、不公平的對待，勇敢地表達出自己的「生氣」。自己也是這樣子，從以前的不敢生氣，到現在敢於據理力爭，爲殘障人的權益而戰。

去年（九〇年），至台中市舉辦「圓、缺之間」身心障礙者紀錄片影展，晚上下榻五星級飯店「晶華酒店」，我選擇了適合殘障者住宿、有著無障礙設施的「殘障房間」。住進之後，才發覺這房間眞是名副其實的「殘障房間」，洗臉檯高高的，輪椅貼近時，肩高與檯高相等，透過鏡子，只見著我大大的頭顱；再說到一旁的廁所，一根固定式鐵製扶手，阻擋了輪椅的前進，而無法靠近馬桶，這教殘障者如何使用，難不成用輕功「飛」過去？

據悉，五星級飯店規定需有「殘障房間」的配置，然而這間卻是不符合殘障者使用的房間，當初，主管機關又如何能通過這樣的審查？抑或業者以為殘障者根本住不起如此高級的飯店，所以，聊備一格，虛應了事，說穿了，這根本是上至主管機關、下至業者的同流合污，欺騙社會的行徑。

為此，我們把所有不合規定、無法使用的缺失，照相存證，並加上如何改進的建議，發了一封 E-mail 給飯店，結果卻是石沈大海、毫無回音。一個月後，我們發出了第二封 E-mail，才接到了他們的回信——

劉先生，李小姐您們好

非常感謝您們在百忙之中來信，提供我們許多殘障房的改善建議。

敝飯店總經理已將您們所提供的資料，轉交給飯店設計師作更改設計的依據，飯店總經理有特別交代，等到殘障房房間改裝之後，一定先請劉先生及李小姐先過來試住。

再次感謝劉先生及李小姐，一有進一步消息，一定馬上通知您們。

祝　節目收聽率節節上升

許正忠／客務部經理

我們會繼續追蹤這件事情，也期待早日收到他們叫我們過去「試住」的訊息。

另有一次，我到台北凱悅飯店用餐，抵達飯店大門口時，請服務生協助我上輪椅，但在一旁的兩位飯店服務人員，年長的推說手痛不方便抱我，年輕的則表示，他沒有力氣、抱不動我，兩人便在那推來推去，不屑的嘴臉，連平常在路上請陌生人幫忙，都還不致如此，一氣之下，我告到經理那去。五星級的飯店，卻沒有五星級的服務，徒有硬體設施，卻缺乏軟體搭配，我不知他們的「星」是怎麼掛上去的？

在爲一些不公、不義的事情抗爭時，很多時候，會遇到有人自以爲是、氣燄高漲，萬不得已的情形下，我才會亮出警廣的名片，只見有人態度立刻作了一百八十度的轉變，畢恭畢敬，簡直判若兩人，當然，也有人是不理不睬的，這也道出了台灣社會欺善怕惡、陽奉陰違的一面。

還有一次，有輛車子占用了殘障專用停車位，那位仁兄大搖大擺地走出車門。我立刻便說：「這個車位是殘障人士才能停的。」

「停一下又不會死！」他大言不慚地說。

「你到別的地方停一下，也不會死！」我不甘示弱地回答。

只見他啞口無言悻悻然的離去，留下那部無辜的車子。

《野火集》一書中，作者龍應台女士曾說過一句話：「中國人，你為什麼不生氣？」

現在我要大聲疾呼：「殘障人，你為什麼不生氣？」來！跟我一起喊出來「幹——什麼這樣對我」。

誰帶衰

其實，許多殘障朋友無法步入社會、貼近人群，環境的障礙並非主因，而是人們觀念的障礙彷彿一把無形的利刃，刺傷了殘障者與其家屬，這才是主要的因素。

以前，自己是忠實的布袋戲迷，記得裡面有一個「衰尾道人」的角色，誰只要跟他在一起，就會倒楣、就會「帶衰」，曾幾何時，竟然聽聞與殘障人士在一起，也會帶衰？眞是不可思議啊！

有一次走在馬路上，對面走來一位媽媽，牽著幼稚園般大的小女孩，小女孩好奇地指著我問一旁的媽媽：「那個人爲什麼要坐在那個車子上？」

「那個車子叫作『輪椅』。」那位媽媽解釋著。

我正慶幸那位媽媽給予孩子很好的教育，做正確的說明，沒想到那位媽媽接著說：「寶貝，妳要乖乖聽話哦！如果妳不乖乖聽話，以後就會跟他一樣。」

一陣錯愕，幹嘛！我招誰惹誰了，怎麼可以把我的「殘障」當作教育孩子的負面教材。

廣青有位撐雙枴的志工，也敘說了他的經驗。有一回，也是類似這樣的情形，小女孩問身旁的媽媽：「那個人走路爲什麼那個樣子？」

「趕快走，不要問。」只見那位媽媽牽著小女孩的手，快步離開。

那位志工覺得自己像是「瘟疫」般，讓人避之惟恐不及。

其實，許多殘障朋友無法步入社會、貼近人群，環境的障礙並非主因，而是人們觀念的障礙彷佛一把無形的利刃，刺傷了殘障者與其家屬，這才是主要的因素。最明顯的例子，就是「因果輪迴」說，也就是之所以成爲殘障者，是因爲上一輩子做了許多「缺德帶冒煙」的事，這是「惡因」，所以今生必須承受「殘障」如此的苦果。

我認識一位坐輪椅的朋友，幾年前，他與相戀多年的女友，因家長反對而分手，在痛苦至極、萬念俱灰下，他決定以「出家」來尋求解脫，豈料，寺廟的師父卻以「殘障」爲由，拒絕了他的要求。一時間，他幾乎快要抓狂了，殘障，已讓他失去了女友，竟連出家也不准。在我們這個社會，殘障眞是被鄙視到了極點，更難了解的是，佛家向來以慈悲爲懷、無分別之心，爲何會有此限制呢？

爲此，我多方詢問、查考資料，對於殘障者無法出家的原因，獲得了兩種版本。一是，殘缺即不全，致使法相不夠莊嚴。二是，出家人需服務眾生，而殘障者無法勞動，連照料自己都成問題，又如何服務他人？

縱使有了答案，我仍無法接受如此的說法：第一，佛家不是常講「四大皆空、無佛無我、佛我兩忘」的境界嗎？甚至還有所謂的「無形」「無色」「無味」等等，若是如此又何須在乎「法相」是否莊嚴？第二，殘障者雖難以藉著勞動服務他人，但可以藉著心靈開釋他人，為何只著眼於殘障者做不到的，而不看他能做得到的，其實，這也讓人聯想到我們所處的社會不也如此嗎？

不知是否因著這般的原因，在我所認識的殘障朋友之中，信奉佛教者少之又少，而大部分都是基督教或天主教。我這麼說，無意挑起宗教間的爭議，只希望宗教既然勸人為善，則應多多誘發人們良善的一面，而勿將殘障朋友陷於輪迴宿命之中，使其與家屬今生今世萬劫不復、永難翻身。這種歧視殘障的宗教，如何能成為心靈的寄託、生命的依歸。

有位志工，身強體壯、力大無比，需要兩人合力抬起的重物，他一個人便能高高舉起，抱我上下車，就如同一般人抱嬰兒一樣的輕而易舉、毫不費力。平常，遇到上下階梯，一般都分兩道程序完成，先抱人，或是先扛輪椅，然而，有他在時，可以連輪椅帶人一起抬起，順利達成任務，如此「堅固耐用」的志工，一個人抵上兩、三個人，故有「載卡多」的封號。其實，他不僅孔武有力，也是電腦高手，廣青的電腦維修、一些軟體程式的設計，全都是仰賴他。

有一段時間，這位「載卡多」志工突然消失、音訊全無，經詢問後得知，他認識一位台大畢業的朋友，要他「少與殘障朋友接觸，否則，會帶衰。之所以會造成殘障，代表這個人『業障』深重，和這些磁場不好的人處久了，豈有不帶衰之理？」因此，在這位「高級知識份子」朋友的建議下，他疏遠了我們。

聽完了這番話，令我頭皮發麻、血脈賁張，又再一次，因著這種「似是而非」的宗教論，讓殘障朋友成爲祭壇上的犧牲品，也使我們失去一位好志工，三年的情誼，就這樣畫上一個不圓滿的句點。

不知是誰想出了這麼一套「說詞」，用來對付或攻擊殘障者，無疑地是最好的「傷人不見血」的武器。

我很想問那位「高級知識份子」，若您家人變成殘障，是否也要與其斷絕關係，否則，會帶衰耶！另外，想再告訴那位「高級知識份子」，除非你這一生不會生病、不會發生任何工作意外或交通事故，否則，你就極有可能成爲「殘障」，這不是咒詛，而是人生無常、生命危脆的事實。請您好自爲之吧！

經過此件事後，我開始思考，眞的有人會帶衰嗎？我想沒有，沒有人會一生下來，就注定要帶衰，這些都是人們的偏見或迷信所致，宛如有些算命仙口中的「鐵掃帚」一樣。這世界上，只有跟好吃懶做、作奸犯科等等的

「壞朋友」在一起，久而久之會變壞，壞久了，自然而然就會變衰了。

在我身旁有許多殘障朋友，他們努力克服身體障礙，發出生命中的光與熱，點亮周遭的黑暗，激發他人奮鬥向上、珍愛自我的力量。像作家杏林子、口足畫家謝坤山，以及目前就讀台大的孫嘉樑，據說，凡是坐在嘉樑身旁的同學，功課都會變好。像這些生命的勇者，怎麼會帶衰呢？

走過華江橋

在人生的征途上，要常聽信心的凱歌，使我們確信，我們不是只活一天的孩子，而是永恆的公民。

在淡水河上，躺臥於天地之間，它溝通了台北與板橋兩地的聲息，增進了兩地的繁榮，它全長一千兩百九十三公尺，默默的服務人們，我們稱它爲「華江橋」。

從黎明至黑夜，橋上的車輛來來往往、川流不息，有大卡車、公車、計程車、機車……偶爾會瞥見幾輛腳踏車。但是有一天，一輛不冒黑煙、沒有噪音的「輪椅」，也走上了這車水馬龍的華江橋。

高商畢業，離開住了十三年之久的廣慈，回到位於板橋的家，頓時覺得空間縮小了、相處的人也變少了。那時父親尚在宜蘭商職任教，一星期才返家一次，母親在電子工廠上班，弟妹上學，大白天的時間，獨自守著一個空蕩蕩的家，十分冷清。

看電視是主要殺時間的工具，當然也會看看書，可是這些只有「單向」投入，少了「互動」的樂趣。於是，我會翻開電話本，在密密麻麻的姓名中，隨便找一個人聊天，我是爲了排遣無聊而閒聊，其他的人不是上班，就是有事要忙，人家哪有這個美國時間陪我磨牙，電話總是在「好，就這樣子吧！」一聲中斷線。那段日子，猶如觸目所及的牆壁，除了白白的，還貼滿了休止符。

爲了不與外界訊息隔斷，爲了不想困坐「家牢」，我的心蠢蠢欲動，開始想飛出去。我曾經參加伊甸寫作班、到廣青合唱團練唱，當時沒有收入，又不願向父母親伸手，所以常常請志工幫忙，走一段路，再搭計程車，以節省開支。

曾經有三個女孩推我走過華江橋，對她們始終銘記在心。印象最深刻的，就是和淑華的那一次。

國慶日那天，我也隨著人潮，來到總統府前看煙火。這是生平第一次親眼目睹如天女散花般五彩繽紛的煙火，在夜空中閃閃發光、熠熠生輝，內心眞是喜不自勝。總統府被裝扮得金碧輝煌、燈火通明，人們自由自在優閒的神情，孩童興高采烈地玩著火花，我的心也跟著他們飛舞起來，完全沒有料到後面即將發生的慘況。

淑華說國慶佳節熱鬧非凡，要推我到處逛逛，我們邊走邊看，不知不覺地到了萬華。街道上人山人海，好似人河一般湧動不息，夾雜在其中，寸步難行；等要回家時，才發覺「一車難求」的危機。平時計程車多得呼之即來，現在卻等不到一輛空車；好不容易有輛空車停了下來，大家竟如逃難般的蜂擁而上，我們怎搶得過他們呢？

淑華說我們還是邊往回家的路上走、邊瞧有沒有車可乘，「等」終究不是辦法。在根本毫無空車的情況下，我們走上了只能前進、無法回頭的華江橋。就這樣一步一步地向著漫漫的長橋和橫衝直撞的車輛挑戰。

一路上，飛速前進的車子，呼嘯而過的機車，一部接著一部，一部比一部快的往前奔去，車後的燈，流星般一顆一顆消逝，這麼多車，這麼多人，這麼匆忙，他們要奔向哪裡呢？奔向目的地，目的地是個什麼樣的地方呢？難道是個必須人人爭先、車車超速才能到達的地方嗎？

以往坐在計程車裡，從來感覺不到橋的長遠，似乎一眨眼的功夫，車就滑下了橋；而今一步一步的走在橋上，才察覺橋好長好長，長的根本看不見盡頭。

夜空中，星子們擠眉弄眼的，似乎在嘲笑我說：「活該！自作自受，家裡的電視中不是也有煙火看嗎？幹啥大老遠地跑去總統府，現在可好了，搭不到車，只有走路回家吧！」

除了對淑華有些歉意外，我倒不覺得有什麼倒楣的。親身目睹煙火的那份歡樂感受，絕不是電視中的煙火所能給予的；再說，人生無常，就當這次是磨鍊吧！

高高個子的路燈，挺著腰桿，低著頭，彷彿在訴說著：「孩子，加油吧！成功往往是最後一分鐘來訪的客人。」所以，每當超越一個路燈，我就多了一份喜悅，因爲我們又向目標邁前了一步。生命中的「成功」，何嘗不是這樣一點一滴累積而成的。

當走到橋中央時，橋下正是潺潺而流的淡水河；驀地，記起了一首頗有禪味的詩：「空手把鋤頭，步行騎水牛；人從橋上過，橋流水不流。」這首詩道出了「心」的不凡與神效。人生在世到底是苦還是樂？像顏回那樣一簞食、一瓢飲的生活，人們都覺得苦，他卻樂在其中；而有些住著洋房豪宅、吃著山珍海味的人，多麼令人羡慕的生活，然而他們過得一點也不快樂。所以，內心認爲苦就是苦、認爲樂就是樂，苦樂皆由心生。

想著想著，走著走著，歷經了一個多小時，終於完成了壯舉，平安的走完了華江橋。由於上橋的路是如此的危險、怵目驚心，更需要無比的勇氣和毅力，致使這次的走過，是一次征服。在人生的征途上，要常聽信心的凱歌，使我們確信，我們不是只活一天的孩子，而是永恆的公民。

因著這次走過華江橋的機緣，淑華由我的志工，最後，變成相惜相守的伴侶。

輯三

聲音開啓另扇窗

兩廣總督

過去待在家的十年中，曾經祈禱，日後如果有工作，就算再忙，也要歡喜承受。誠如莎士比亞所說：「做自己喜歡的工作，就沒有工作的勞苦。」

對於殘障朋友來說，心中有兩大「痛」，其中之一就是「就業」。而我，即使在經濟不景氣、失業率節節攀升的日子，仍擁有兩份工作：一個是「廣播」，一個是「廣青」，所以，有人稱我爲「兩廣總督」。

話說工作不景氣的情形，早在多年前，就發生在我身上，走進時光隧道，去瞧瞧那十年蒼白的日子。每日待在家裡，看著窗外一成不變的景色，掛上了太陽，又換成了月亮，看著春、夏、秋、冬這四個人，一棒交給一棒接力的跑下去。日復一日，唯一的不同，就是光線的明暗與氣候的交替。

那時候，時間多的不知如何打發，看電視、睡覺是主要殺時間的工具，每日的電視節目可以倒背如流，而睡覺卻是越睡頭越昏。爲了不想繼續浪費生命、不想這樣過了一生，於是，對外探出了觸角，發出了我想賺錢的訊息。

廣慈的夥伴知曉後，曾來找過我，問及是否有興趣加入其工作行列，他認爲我的「條件」非常好，一定可以大發利市。這可是頭一遭有人誇讚我有好的條件，於是我好奇地問：

「你從事的是什麼工作？」

「賣香啊！」他輕聲地說。

多年前，有許多殘障朋友從事「賣香」的工作，也就是在市場、夜市或人潮聚集的場所，穿著破舊骯髒的衣服，在地上用爬的，匍匐前進，來兜售拜拜時所用的香。據說，很好賺。

「可是，我根本爬不動？」我不解地提出疑惑。

「所以，我才會說你條件好，像我們這樣的工作，越重殘的，收入越多。」他解釋給我聽。

哦！原來所謂的條件好，是這麼回事！

「萬一被人家認出來了，不是很丟臉嗎？」我繼續問他。

「哎呀！這年頭笑貧不笑娼，等你有錢了，誰會在乎你做過什麼！」他說的有些得意。

最後，我拒絕了，我不願自己的尊嚴被踐踏，用他人的同情來換取金錢。

第一份工作是幫人聽寫錄音帶，也就是把錄音帶內容，逐字逐句的抄寫出來，就這樣每聽完一句話，再按錄音機的暫停鍵，然後寫在稿紙上。我寫字的速度不快，又希望以工整的字體交差，故一星期只能完成一卷帶子，這樣子的費用是三百元，一個月的收入有一千兩百元。三個月後，錄音機的按鍵出現鬆動的現象，才意識到如此反覆不斷的按下、跳起，對錄音機造成的折舊率太大了，賺的錢可能都要花在維修或新買一台機器，所以，辭掉了這份工作。

後來，經友人介紹認識了某國小的李老師，他開了一間作文才藝班，就這樣，我接下了批改作文的工作，除了訂正錯別字，在佳詞美句之處畫圈圈外，最重要的就是寫評語。評語不是寫幾個字就了事，而是要條列式的寫出好幾點，譬如「你這篇文章寫得好好喔！老師看了好開心，相信你的父母看了，也會快樂滿滿」「你眞是一位小作家，老師以你爲榮，爲你鼓掌叫好」「孩子，加油！成功的大門永遠爲你敞開著」等等。

從最初的一篇作文寫三點評語，至後來寫到八點評語，隨著評語的增加，每篇作文的批改費也水漲船高，從原先的十元調升至五十元。每個月的收入平均約一萬多元，比起第一份工作，眞的是好多了。

除此之外，我還幫李老師編教材，撰寫他演講比賽的稿子。或許這份工作我表現得太好了，李老師學生的數量與日俱增，一定是這個原因沒錯。因爲我的評語，寫得比小朋友的作文還多，低年級的小朋友，我用注音來寫；中年級的以國字爲主，比較難的字則加上注音；高年級則著重深度、啓發性。

對於這種自創性，以鼓勵代替責備，並用童言童語的表達方式，頗爲自豪。好比當有小朋友完全抄範文時，我就會寫著「範文只是提供我們參考，如果你能試著用自己的話寫寫看，會很吸引人的，老師相信你一定做得到」。如今，我在面對許多事、物，或是帶領工作人員、志工時，多以「鼓勵取代責備」，想來應該是受到那段時日的影響與造就吧！而「直言直語」反而說不出口，這可能是我有待突破的一種障礙。

這樣的日子，過了有三、四年，有一天，忽然有個念頭閃進腦海，既然自己有這麼好的批改作文能力，何不自己開班授徒？於是，我請弟、妹幫我散發宣傳單，挨家沿戶投遞信箱，另外，在居家的三樓，架設一個白色招牌，上面用紅字寫著「名流兒童作文班」，「名流」是將我名字倒過來，取其諧音。每當傍晚，天色漸漸昏暗時，就會打亮招牌燈，我開玩笑地對家人說：「燈亮人在，燈滅人亡。」

開課的第一天，有些緊張不安，不知小朋友看到我的反應會是如何？還好一切都是多慮，他們的臉上並未寫下「害怕」兩字，只是會好奇地問：「老師，你爲什麼要坐輪椅？」

「老師因爲小時候生病，腳不能走路，所以必須要坐在輪椅上。」我都會據實以告。至於家長未說出口的擔心，我會怎麼教導他們的孩子？孩子通常好玩、好動，我如何讓他們安靜下來，照顧他們？甚至有的家長，第一次會留下來，看我怎麼教。我內心十分的篤定，一來，課前我做了萬全的準備，有講義、有相關資料，而非「狗掀門簾，全憑一張嘴」；二來，家長們在日後，便會見識到我的「法寶」，我規定小朋友作文簿一定要給爸、媽簽名，這樣家長就會看見琳瑯滿目的評語，這是證明老師認眞教學最具體的事實，這不免讓我想到那位李老師，他這一招眞是「高招」啊！

另外，我設計了一張獎勵卡，作文寫得好的人，或是上課不說話、守規矩的人，都可以得到此卡，累積到十張卡的小朋友，便可以換一份禮物，相反的，就要扣一張獎勵卡，我用這種方法來管理小朋友，成效還不錯。其實處久了，小朋友根本不在意「殘障」，而會被我親切的態度、有趣的言談吸引。寒、暑假期間，有下午班的作文課，有的小朋友會提前一個多小時就來，看見我在午睡，甚至上床跟我一起睡，或要我講故事，當然，期待快點看見評語，也是他們早到的原因之一。

另外，學生寫得不錯的文章，我會做些修改、潤色，幫他們投稿，曾有小朋友作品在「兒童週刊」登出，小朋友高興，家長樂不可支；還有一位小朋友參加學校作文比賽得名，家長還帶水果來道謝，這些都成了我最有力的宣傳品。就這樣在他們口耳相傳下，學生的人數從最初的三、四個，至後來的二十多人。每月的收入約有兩萬多元，比起第一、二份工作，又更上一層樓。

然而，這不是我人生的目標，我還是想到家以外的世界看看，找份工作，而困擾我的有兩個問題：其一，殘障朋友找工作本來就困難重重，萬一找不到工作，又碰得遍體鱗傷，那該怎麼辦？其二，就算幸運找著一份工作，而我外出往返的交通工具就是計程車，賺的薪水將有一半都給了計程車，如此太不划算了，好像做白工一樣。

最後，這兩個難題總算想出了破解之道：其一，即使找不到任何工作，又碰得滿身是傷，不過是回到原點，繼續在家教作文罷了，根本沒有損失；可是，萬一眞的覓得一份工作，人生的景色將大大地改觀、不同凡響。其二，剛開始雖然要支付差不多一半的薪水給計程車，可是我的薪水不會永遠一樣，一定會隨著我的認眞工作而調薪，薪水會做倍數成長，而計程車資的漲幅一定有限，不如薪水漲得快。

愛看武俠小說的人都知道，要練得高超武藝，需打通體內的「任督二脈」，其實在人們的觀念裡，也有任督二脈，一旦打通了，就不會被挫折、困難打敗了，所以，眞正阻礙我們的是「觀念」，而非「殘障」。如今，在面對許多人生的課題時，我都用如此的思考模式來化解難題。

喜歡「兩廣總督」這樣的稱呼，因爲這兩份工作，廣播讓我在空中散播

「殘障福利」的理念，廣青讓我站在第一線上，和殘障朋友共同的打拚，相輔相成，缺一不可。

現在，我早上九時三十分出門，晚上九時三十分回家，每天需在外工作十二個小時，忙碌得有如「陀螺」一樣，轉個不停，身子骨儘管疲累，精神卻是愉悅的。每當想抱怨時，就會提醒自己，不得抱怨，因爲過去待在家的十年中，曾經祈禱，日後如果有工作，就算再忙，也要歡喜承受。誠如莎士比亞所說：「做自己喜歡的工作，就沒有工作的勞苦。」

廣播這條路

沒想到，有那麼一天，一輛體積龐大的輪椅，竟然通過這扇小小的門，踏上這條廣播之路。

廣播，是許多人引頸而望，紛紛想擠進的「窄門」，包括不少明星藝人、專家學者，也跨行當起廣播人。沒想到，有那麼一天，一輛體積龐大的輪椅，竟然通過這扇小小的門，踏上這條廣播之路。

我常戲稱自己，脖子以上是一百分，以下就不及格了。如果想尋覓工作，一定要找靠脖子以上部位來發揮的工作，如此才具有競爭力。想來想去，就只有仰仗這張「嘴」了。我曾開玩笑的說，當我離開世界的那一天，

「嘴巴」會是最後宣布死亡的部位。

有一年，在廣播裡聽到訪問一位明星，所有的內容都圍繞在明星所飼養的那隻貓的身上，就這樣東拉西扯，足足談了一個小時。節目是很輕鬆，可是聽完後，我一點也輕鬆不起來了。我在想，殘障人在這個社會上所受到的重視遠不如一隻貓咪，寵物有人疼愛，許多的殘障者卻躲在角落，無語問蒼天。

在當時廣播媒體中，沒有一個屬於關懷殘友的節目，除了伊甸在漢聲電台的「啓明時間」節目，以服務視障朋友爲主，每週一次，時段卻是躲藏在十分冷門的深夜裡。我曾去過美國，了解到他們社會福利的完善，以及對於殘障者無微不至的照顧，就以媒體來說，像這樣關懷弱勢族群的節目，比比皆是。

於是，我草擬了一份簡單的廣播節目企劃案，因爲我根本不會寫企劃案，所以它的「簡單」是可想而知的，爲了充實其內容，讓它有骨有肉，只要有人懂企劃案，便向他請益，就這樣一改再改、一修再修，它的「雛形」總算出來了。

然而，周遭的親朋好友無人看好，有人苦笑，擺出一副不置可否的表情，甚至有人說「除非人家的目睭，乎蚋仔肉糊到」。我知道這些人無意打擊我，畢竟在當時，無論從主、客觀環境來看，沒有一個條件是對我有利的。

一來我不是相關科系，二來我又是重度殘障者，十年前的殘障福利宛如荒蕪之地，只有殘障，沒有福利，有些人甚至將殘障朋友視爲「瘟疫」，避之惟恐不及，何來給予機會。

一般的殘障朋友若是遇到如此難解的兩大關卡，多半都會打退堂鼓，我始終沒有放棄的念頭，一來是使命感的驅使，可是我有十年的時間待在家裡，極少與外界接觸，雄心壯志不被磨光已是萬幸，哪來的「使命感」這玩意兒？再說，總覺得那是所謂的「偉人」或「不凡之人」才擁有的東西，筆走至此，越寫越心虛，覺得有點唱高調了。

其實，第二個原因，跟我比較貼近，主要我不想連試都沒試，就放棄了，否則，當銀髮取代了青絲的某一天，回想過往的歲月中，有那麼一次機會，到底成功與否，都無法證實了，那會是甚大的遺憾。

有句話說「要為成功找方法，勿為失敗找藉口」，於是我請託錢田玲玲女士（現任監察院長錢復夫人）幫忙，殘障福利界的朋友都稱她為「田阿姨」。

與田阿姨結緣，是在美國華盛頓，這要追溯至十三年前（一九八八年），當時錢伯伯是駐美代表，我隨同廣青合唱團赴美巡迴演唱。在華盛頓那一場，錢伯伯有要務在身，由田阿姨代表出席。演出結束後，田阿姨上台和每位團員握手致意，並稱讚我們的歌聲有如天籟之音，讓她聽得感動落淚。

不久後，錢伯伯奉派回國出任經建會主委，我便和田阿姨有著書信往來，我會告訴她近況，或寄一些發表的文章與之分享，從她回函的隻字片語中，也不時的給我鼓勵、打氣。另外，也會邀請她來觀賞我們的演出活動，後來發覺她常常都會看得感動落淚。

田阿姨好似上帝冥冥之中派來的天使，因爲她的「臨門一腳」，我進入了警察廣播電台，一圓廣播夢。

民國八十年十一月三日，國內第一個由殘障人士服務殘障人士的公共服務類節目正式發聲，節目名稱「愛的路上你和我」，希望殘障朋友在人生的道路上，以「愛」化解「礙」，這樣走下去，才會有你有我，不再寂寞。

最初，節目的時段爲週日清晨五時三十分至六時，只有三十分鐘的長度。經過十年的努力經營，如今已成爲週一至週五，下午一時至二時，帶狀性的節目。即使每天一個小時的節目，還是常接獲聽友的來信，希望延長節目時間，短短的六十分鐘，他們聽得不過癮。

有句話說「殘障朋友不是基因出了問題，而是機會出了問題」，殘障朋友最欠缺的就是一個機會，若非田阿姨給予的這個機會，我從何努力，也不可能有今日這樣的一片天地。

每當我榮獲一些獎項的肯定，例如：八十三年當選十大傑出青年、八十五年廣播金鐘獎「公共服務類」節目等，興奮之餘，總會先打個電話告訴田阿姨，與她分享這些榮耀，因爲人要懂得飲水思源、不能忘本啊！

最近，田阿姨的身體欠安，有些心臟方面的疾病，我問她是什麼病名，或許她不想讓我掛心，所以沒有告訴我，只說「滿嚴重的」，衷心的爲她祈福，願她早日康復、身體健康。

去年（九十年）十一月三日，是我們主持廣播節目十週年的日子，若不是聽友柯南 **call in** 告知，眞的忘了這個具有紀念的日子，聽友就是這麼貼心，會提醒我們許多事情。

回顧這十年來，警廣就如充滿人情味的大家庭一樣，趙鏡涓總台長像個媽媽，給予我們許多照顧與關懷，而當我們有些錯誤，她也會當面指正，並不因爲我們是殘障人士，而不好意思或有所通融，我們喜歡這樣的「一視同仁」。謝謝總台長。

另外，總台長只要撞見主持人，總是會耳提面命，不斷的叮嚀「報路況」「播歌曲」……有時一急切，就會提高嗓門，她常說這不是「生氣」，只是「大聲」而已。其實，她的個性就是如此率直，情緒來得快、去得也快。當然，由於總台長的帶領方向明確、服務對象清楚，使得警廣收聽率排行榜名列前茅，並多次拿下第一名的榮耀。

剛來警廣時，人生地不熟，不好意思開口請人幫忙，謝謝顧璇、蕭堯、小虎哥他們的熱情主動，讓我銘記在心，在他們身上看到了眞正「公共服務」的精神。如今，我們也從沒沒無聞，變成電台長官口中的最佳「宣傳品」，每當有貴賓蒞臨警廣參觀或慰勞，總台長會特別介紹我和李燕，諸如我曾當選十大傑出青年，或榮獲金鐘獎之類的讚美話語。

走過十年廣播之路，這一路關心、協助我們的親朋好友實在太多了，族繁不及備載，讓我也仿效有些人的作法，那就乾脆「謝天」吧！

出走的麥克風

一個懂得接納自己的人，才能產生力量，並且，很快地你就會成為一個和成功有約的人。

殘障朋友的工作，有所謂的四大行業，分別是「按摩」「算命」「刻印」「修鐘錶」，也就是說，大部分殘障朋友的工作範圍，都脫離不了這四大項目。

在廣慈唸小學的那段時日，院方也針對殘障朋友開辦了「刻印」和「修鐘錶」兩班，一週有三個下午的課程，規定每個人都要學習，我選了刻印班，或許基於這樣的理由，小學畢業那年，父親即爲我備妥刻印的工具與器材，希望我學一技之長，勝過繼續讀書，當時，也不知哪來的勇氣，拒絕了父親的期望。

我不認爲從事這四大行業有何不好，只是覺得人各有志，每個人的興趣也各自不同，殘障朋友不應該限定只適合從事一般人較少參與的這四項工作；在國外，盲人可以是律師、會計師、電腦工程師等等，而在台灣盲朋友似乎難逃「按摩」「算命」這樣的宿命。

爲此，我的麥克風「出走」了，除了在空中散播歡樂、散播愛之外，麥克風也走出了錄音室，站在第一線上，和殘障朋友共同打拚，讓愛立體化起來。

從事廣播工作多年來，深覺頗適合殘障朋友從事，只要口齒清晰、反應敏捷，以及不斷地充實自我內涵，便可擁有競爭力，與人一較長短，「殘障」則完全不受影響，否則，我們也不可能榮獲許多獎項的肯定。

自從政府開放廣播頻道申請後，電台的設立如雨後春筍一般，由於需要大量的廣播軟硬體人才，坊間許多廣播班便應運而生，然而對殘障朋友而言，第一是缺乏無障礙環境，第二是費用過高負擔不起，基於這兩個因素，使得殘友望之卻步。

八十四年我和李燕開辦了「殘友廣播技藝班」，不但克服了之前所說的兩項因素，還多了兩個十分重要的宣誓意義。其一，我們希望爲殘障朋友開闢新的就業職種，將此技藝傳承下去，等有一天我們老了、體力衰了，就不愁沒有接棒人了，當然更希望藉此打破社會大眾的刻板印象，認爲殘障朋友只適合從事所謂的四大行業。其二，藉著我和李燕在廣播這一條路的心路歷程，和生命故事的分享，相信對於來參加的朋友有莫大的鼓舞作用，我們能做到，他們也不難做到。

當時，利用晚上時間，在台北縣開了一班、台北市開了兩班的廣播技藝班，每星期上課一次，一次兩個多小時，課程內容包含：正音練習、播音技巧、節目製作、主持、企劃案撰寫、實務操作等等。廣播班每階段爲期三個月，分爲初級班、中級班、進階班系列課程，必須完成這三個階段的課程，才算是一個完整的學習過程。當然，有些人中途陣亡，但大多數的朋友，皆完成三個階段的學習課程。

在我們累積了兩年豐富的教學經驗後，開始更上一層樓，接受行政院勞委會職訓局委託，開辦了「殘友廣播職訓班」，這是莫大的挑戰，爲期半年。而且這半年，週一至週五，上課時間從每天早上九點半到下午五點半，一天長達八個小時，如同朝九晚五的上班族一樣。

之所以接受職訓局的委辦，有兩層用意：其一，來參加的朋友，不但學費全免，每月尙可領取一萬四千八百元的交通、膳食和生活津貼的補助，如此可免除參加者的「後顧之憂」，全心全力放在課業上。其二，像這樣密集、長時間的訓練，成效較爲扎實、有用。

每期只有十六個名額，來甄試的朋友竟然有七、八十人之多，把廣青的會所擠得滿滿的，如此的盛況，和許多殘福機構開辦的職訓班招收不到學生，實在是天壤之別。

現在有不少的殘障福利機構，一窩蜂地開辦電腦班，常會收到請我們節目協助宣廣的招生訊息。有的單位表示，招生是越來越困難了，常常招不到學生，問他們爲何還要開這樣的班別，他們不諱言地說：「政府對於電腦方面的補助，非常好申請啊！」

只因爲經費好申請，而不去探究市場所需、開發新的就業職種，我認識幾位殘障朋友說，有些單位爲了「湊人數」，導致他們重複的學習，學到都「打飽嗝」了。

還是回來談談我們的廣播班吧！當第一屆廣播職訓班學員結訓後，我們才發覺，半年的時間竟是如此漫長，所投注的時間、心力，要比自己主持廣播節目或在廣青的上班，辛苦好幾倍。從學員的心理建設、個別指導、人際關係的協調、指導老師的安排等等。尤其在指導老師鐘點費方面，職訓局每小時才給區區四百元，說得更貼切一點，這根本是壓榨人力，如何邀請到名師授課？只好我賣「老臉」、李燕賣「大臉」，千拜訪、萬請求，才邀來了許多的名師。

授課老師除了我和李燕之外，警廣導播和許多主持人也跨刀相助，如：丁芳導播、陳淑芳導播，主持人有顧璇、劉琇如、陳亭、傅雁、唐陶等，另外，還邀請了中廣的陳美枝、丹萱、蘇來、秦偉，台北之音的王偉忠，佳音電台劉麗紅，配音界有劉錫華、符爽、夏治世等等，如此的師資陣容，夠堅強了吧！在此，利用這個機會，再次感謝他們不計酬勞、愛心付出！

除了理論課程之外，也安排了實習課程，從最初地下電台的深耕文化廣播電台、翌虹廣播電台……洽談到合法電台的淡水河廣播電台、台北電台、台灣廣播電台做節目，以求理論與實務互相印證、相輔相成。

每辦完一屆，我和李燕就嚷著說：「不辦了、太累了！」說完沒多久，又繼續「潦落去」。至今，我們已辦理了四屆廣播職訓班，而晚上的廣播技藝班，也持續開了十四個梯次的系列課程，另外，再加上既有的警廣帶狀節目主持和廣青行政工作，現在回想起來，那幾年的日子，眞不是人過的。

並非每個人努力都一定會有成果，感謝上帝，讓我們的辛苦看見代價、耕耘有著收穫。我們輔導了許多人就業，而也有幾個人在廣播電台工作，如黃智堅在綠色和平、李月華在正聲廣播電台、陳秋燕在警察廣播電台等等。

這其中令我最感動、也最津津樂道的便是吳佳穎。想到她，就會想起最初她來廣青的時候，她是第二屆廣播職訓班的學員。二十四歲那年，因爲神經纖維瘤造成殘障，剛來時，身體非常虛弱，脖子戴著護頸圈，使用助行器，走起路來一步一步，好似蝸牛一般的緩慢難行。中午休息時分，她母親會在課堂的一角，鋪上墊子讓她休息。佳穎十分擔心撐不過半年的課程而遭退訓，可是，學期結業時，她不但拿到全勤獎，也拿到第二名的優異成績。

在廣青十週年特刊中，就曾刊載她一篇文章，內容如下：

「有這樣一個故事，在遙遠的墨西哥海邊，每天到了退潮的時候，都會出現一個身影，他總是不厭其煩的彎著腰在撿海星。有人問他幹嘛撿海星？他說，如果我不撿起牠們，丟回大海，牠們就會乾死在沙灘上。曾經有人笑他說：『你別傻了！海星多如天上的繁星，你是永遠都撿不完的。』而那人只是淡淡地笑說：『只要有一隻海星能回到大海之中，救回一條牠的生命，我就會永遠做下去。』」

聽完老師這個故事我深受感動，因爲我就是被拯救回到大海的海星。當我從非殘障變成殘障的那天起，就像隻被大浪遺忘在岸邊的海星，孤獨又無助的忍受烈日焦灼，而奄奄一息的時候，有雙手將我溫柔地捧起，輕輕地放回的大海之中，讓我重新得到了生命和自由。那雙手就是『廣青』……

我是一隻被拯救回到大海懷抱的海星，期待有一天我也可以化身爲拯救海星的人，當那些在岸邊被遺忘的海星，孤獨又無助的時候，我也有能力伸出雙手，送牠們回到大海之中。」

如今，佳穎也變成了拯救海星的人。在職訓班結業後，繼續留下來擔任廣青「聽你說」心情支持專線志工與專線助理。透過電話，佳穎以自身的寶貴經驗，鼓勵許多中途致殘的朋友，走出封閉的自我，面對亮麗的陽光。

現在的佳穎，不需要助行器，只依靠一根手杖便能行走，短距離的路程，更可不需手杖，來去自如。

廣播只是一種手段，重要的是藉此使得這些朋友，打開因殘障封閉的心門，走出自卑的陰霾。我常對學生說，廣播的技巧好學，最難學的就是「打開心窗說亮話」，當你面對麥克風時，若不是打心窗說出來的話，同樣地，聽眾朋友也不會打開心窗，把你的話放進去。這是千眞萬確的，不可不信。

經濟不景氣，有人賺錢獲利；經濟景氣時，也有人血本無歸。殘障朋友中，有人出人頭地；非殘障者中，也有人一蹶不振。因此，景不景氣，殘不殘障，都在其次，最重要的就是開啓你的「心」，接納自己；一個懂得接納自己的人，才能產生力量，並且，很快地你就會成爲一個和成功有約的人。

十年好合

未來的道路會如何走下去，我們會以具體的行動繼續寫下去，相信愛有多深、路就有多長。

我和李燕主持廣播節目合作，已有十年了，在廣播界來說，我們稱得上是碩果僅存、獨一無二；目前大概沒有任何一對搭檔主持人，能寫下這樣的歷史，所以，現今我們仍是合作主持時間最長的紀錄保持人。

其實，「十年」不算長，在時間的洪流裡，有如滄海之一粟，但在人世間，說到合作，則是相當困難的一件事，尤其是中國人，莫甚於此，否則，台灣就不會有那麼多中小企業如雨後春筍般，紛紛林立、各據山頭。所以，合作十年，就不得不令人稱奇、說長了。

經常有人問到這樣的問題，當初怎麼會選擇李燕爲合作對象，以及我們爲何能合作十年之久？之所以會寫這篇文章，日後若有人再問及，我就不需多費唇舌，一個接一個講重複的話，而是會請他們去買這本書來看。

當初，會想找人搭檔一起主持節目，有兩個原因：其一，儘管對廣播有興趣、有使命，但畢竟我非科班出身，許多廣播的知識與技能，尚在學習當中，如果有個專業的廣播人能帶領，我就不致如新手上路般生澀、緊張，進步也會最快。其二，我希望打破一般人對殘障朋友或以殘障人士爲題材的節目，給人「悲情」的刻板印象。像多年前，我還住在廣慈，有一次中視「愛心」節目來拍攝，竟然找一位撐雙枴的朋友，來推一位坐在輪椅上的老人，這根本是騙人眼淚、灑狗血的畫面，無怪乎社會大眾對殘障者的印象始終好不起來，這都是媒體惹的禍。

廣播中雙主持人的組合，一搭一唱、互動式的對話，遠勝於一個人自說自話，來得生動活潑。

基於這兩個原因，接下來便是人選的尋覓，有人可能就會找年輕、貌美的非障礙者來搭檔，這樣就可以日久生情、近水樓台先得月，工作夥伴兼親密愛人，可謂一箭雙鵰、一舉兩得。然而，我卻恰恰相反，既然是關懷服務殘障朋友的節目，希望主持人也是殘障者，如此呈現出來的節目不致「隔靴搔癢」，而能發揮高度的同理心，眞正感同身受地道出殘友的心聲。

至於能和年輕貌美的女孩共事，誰人不愛，然而，對廣播而言，並非好事，因爲廣播的經營，需要長時間的日積月累，才能擁有廣大的聽眾群。而廣播新人，又是雙主持人，更是要有足夠的時間協調、溝通，方能培養出良好的默契。倘若年輕貌美的女孩，追求愛慕者一定多如蒼蠅蜜蜂，如此豈能盡心盡力投身於廣播之中。倒不如說，我要找的是聲音的「年輕貌美」。感謝上天的安排，讓我找到符合這些條件的李燕。如今，對李燕最大的虧欠，就是她仍是小姑獨處、待字閨中。

許多研究星座或血型的人，都會建議什麼星座、血型最好配什麼星座、血型，或是同質性、互補性，哪一種在一起比較好，論點不一而足，我倒覺得不需刻意做如此的劃分，同質的個性相處在一起很舒服，互補的個性則有助於彼此的成長，我和李燕便是後者最佳的寫照。

李燕的個性剛烈，我則柔和，如此南轅北轍、截然不同，在過去十年的歲月中，因意見、個性所產生的爭吵，難以計數。最初她動不動就火冒三丈地生氣，我則逆來順受的忍讓，並對她加以安撫，希望能以工作為重，但忍無可忍時，也會有所反擊，與她大吵一架。有幾次，我們吵到要拆夥、各分東西，最後，還是在「不要忘了最初從事廣播的使命與愛」提醒下，握手言和，和好如初。

記得有一次，李燕在警廣的大門口，發起飆來，場面相當失控，受訪者和志工站在一旁，面面相覷，不知如何是好？日後某一天，李燕在警廣大廳跌倒，那位當天值班的警衛，還特別在李燕行經的地面，用腳踩踩，懷疑是否眞的地面溼滑，造成跌倒。

經歷此事後，李燕做了生命中重大決定，至「懷仁全人中心」接受心靈成長的課程，學習如何地控制自己火爆的情緒。後來，這樣的課程並引進了廣青文教基金會，我也從中獲益良多。在處理事情時，不再以從前那種委曲求全的壓抑方式面對，而嘗試著眞實地說出心中不爽的感覺，以及勇敢拒絕別人，而不致覺得不好意思。

因此，我和李燕終於找到彼此定位與良性互動的相處模式。廣播節目中以我爲主、她爲輔，就像說相聲一樣，有一個「逗」角、一個「捧」角，倘若兩個人都想演主角，也就是「逗」角的話，那這齣戲一定唱不下去，在此也感謝李燕的退讓和成全。另外，廣青的工作中，我則對外負責公關、宣廣，而她擔任幕僚企劃，我們有了如此的分工。

有了如此明確認知後，我們合作無間，產生了莫大的力量。八十五年我們榮獲象徵廣播人最高榮譽的金鐘獎肯定，頒獎典禮在國父紀念館舉行。當天晚上，我的輪椅被四名壯漢抬上舞台，發表得獎感言時，我負責感謝這一路走來協助我們的長輩與朋友，而李燕仗義直言，對主辦單位缺乏無障礙環境的考量，深覺不滿，這也說出了我們節目今後還有很大的努力空間。八十六年開始，每一年都舉辦國外旅遊，帶領一群殘障朋友、志工出國，五年來，我們的足跡踏上澳洲、美洲、歐洲等國家，完成許多不可能的任務。

這一路走來，我和李燕不僅是廣播的最佳拍檔，也是工作上最好的夥伴，她從早先的伊甸，接下來的公視籌委會，然後是殘障聯盟，到現今在廣青和我共同打拚，儘管我們無緣成爲「愛人」，卻如同「親人」一般扶持、照顧，她爲我買車，接送我上、下班，我何其有幸，在人生的道路上，能遇到這樣的「貴人」。

結婚的新人，都希望獲得親朋好友的一些祝福言語，我則最常贈予「百年好合」一詞，尤其台灣已成爲亞洲四小龍中離婚率最高的國家。情侶不合，就分手；夫妻不合，就離婚；工作不合，就辭職。「合」是多麼的重要，情侶合起來，很快就能走向紅毯的那一端；夫妻合起來，便能牽手走遠路、白頭偕老；員工合起來，便能產生力量、創造業績，然而，要做到「合」這個字，是多麼的不容易啊！

十分慶幸，我和李燕在廣播這條路上寫下了「十年好合」，未來的道路會如何走下去，我們會以具體的行動繼續寫下去，相信愛有多深、路就有多長。

聽你說

專線最大的功能，不在輔導，也不在解決殘友們的問題，而在於「傾聽」與「陪伴」。

傾聽內在聲音，陪伴產生力量。

廣播生涯十年裡，曾陪伴一些聽友，走過一段段人生道路，我發現，當他們內在的聲音得到傾聽、情緒找到出口，很容易就能度過那段青澀、孤單的歲月，而這樣的陪伴和支持，更讓他們從自身醞釀出力量，繼續未來的道路。

周建宇，一位視障小朋友，當時就讀台北啓明學校，家裡開工廠，父母平日忙於工作，哥哥姊姊又大他好幾歲，根本玩不在一起。每當寒暑假來臨時，是其他小朋友奔放、玩耍又期待的開始，但對建宇來說，卻是漫長又無聊的折磨，他只能侷限在家裡，唯一的玩伴則是「收音機」，聽著小匣子裡傳來的話語，來想像外面世界的千變萬化、多采多姿。

聽著聽著，建宇便「盯」上了我們節目，成了Call-in的常客，當知曉其狀況後，便在他要求下，毫不考慮地把家裡的電話號碼給他。自此，在他不上學的星期六、日，就常接獲電話，一日至少三至五通，其實他並非有事情要問，只是閒著無聊，想找人聊聊天而已。到了寒暑假期間，他的電話就更頻繁了，一天可以打上十通以上，連家人都知道有這號人物，父親、妹妹有時也會加入陪他聊天的行列，以分擔我偶爾的不勝其擾。

記得建宇最喜歡和我玩的遊戲，就是「播報路況」。

「各位聽眾朋友，大家好，我是警廣節目主持人劉銘，目前，在高速公路南下造橋路段，發生一起連環車禍，造成嚴重塞車，現在，我們就請在車禍現場的記者建宇，來告訴聽眾目前的情形，建宇。」他就會在電話那端煞有其事的接話：

「謝謝主播劉銘，我是警廣記者周建宇，這一起車禍造成的原因，是由於下雨，視線不好的緣故……」聽他有模有樣的播報，儼然一副記者的樣子，我心裡甚覺有趣之外，也不得不佩服建宇的應變能力，或許他眞的是聽廣播聽出了心得，耳濡目染，說起話來字正腔圓，且表達力清楚，絲毫感覺不出他只有國小三年級。

這樣的情形，就在建宇五年級的暑假忽然停止了，我想，他是長大了，也找到了玩伴，我也終於可以卸下陪他聊天的任務了。

廖眞緻，家住豐原，個子高高的，長得十分清秀的女孩，在聯考的前一年，也就是國二那年，時常接獲她的電話和信件，由於課業壓力，她的情緒變得焦躁不安，動不動就生氣或與人爭吵，這些情形十分困擾她。在每一通的來電，我總是靜靜地聆聽，試圖去感同身受，讓她覺得有人懂她、有人了解她。聯考放榜後，眞緻考上了自己理想的學校——台中商專，並參加「慈青社」，投入了服務的行列，她也擔任過社長，是個相當活躍的人物。如今的眞緻，已有自己的生活圈、社團，課業讓她忙得不亦樂乎，再也不是從前愛「黏人」的小女孩了。

大眞緻三歲的兄長彥璋，也是我們節目的聽友，考上台灣大學後，便常來廣青當志工，甚至從原本的森林系，轉成現在的社工系。我們曾大言不慚地問他的轉系，是否與我們有關？內向少言的彥璋便笑笑地回答：「應該是吧！」

有人曾問我，不斷地接聽這些電話，不會覺得累、覺得煩嗎？我又是如何耐著性子，聽他們說話呢？這要回溯過去，我有十年的時間，白天父母上班、弟妹上學，一個人待在家裡，沒有一個可以講話的人，日子彷彿白開水一樣，淡而無味。為了打發時間，時常撥打電話，找人嗑牙聊天，剛開始，朋友還有耐心陪我說說話，不過，時間一久，對方即無心談下去，很快地掛上電話，畢竟，他們不像我一樣無所事事。

因此，我頗能感同身受聽友來電的心情，似乎在電話的那一端，曾見從前那個無聊、無奈又有滿腹苦悶的自己，一想到此，我何忍觸下按鍵、拒絕他們呢？再說，我何其有幸，能陪他們走一段人生的路，眞的，只要適時地扶持一把，就有可能讓這些人減少誤入歧途的機會，教他們未來的道路走得順利、穩健一些。

根據內政部統計，目前領有殘障手冊的身心障礙者共有七十萬多人，但我們社會上，雖有如：救國團的張老師專線、馬偕平安線、生命線、觀音輔導專線等，還有專為受虐婦女、兒童，以及為同志服務的諮詢專線，但卻苦無一個專屬服務身心障礙者的諮詢專線。

基於這樣的理念，八十九年二月，在謝芬蘭董事（現任建國中學輔導室主任）訓練與催生下，廣青成立了國內首創由殘障朋友服務殘障朋友的「聽你說」心情支持專線。專線最大的功能，不在輔導，也不在解決殘友們的問題，而在於「傾聽」與「陪伴」。

我們知道有許多無法出門的重度殘障者，或是像建宇一樣的朋友，當他們心情難過、沮喪時，想找人訴訴苦，或是快樂、開懷時，希望有人分享，若能有這樣的一個管道，就有人陪陪他們說說話、聊聊天。

「聽你說」心情支持專線電話爲（02）2542-8213，取其諧音「爾勿捨爾、伴爾一生」，就是希望殘障者千萬不要自己放棄自己，而透過這支專線，讓同爲殘障的志工彼此激勵、撫平傷痛。服務時間爲週一至週五（例假日除外）下午一時至晚上九時。

兩年來，從來電的資料裡，發現來電者的確因電話這端是殘障者，在高度同理心的驅動下，而能說出內心的話語。目前，最困擾殘障者的問題是就業、殘障適應兩大問題；來電對象則以精神病患最多。

原本，殘障者常是受人幫助的對象，如今透過擔任專線志工服務，竟發現自己居然可以成爲協助者。這份成就感是所有殘障志工的最大收穫。

黃耀霆就是一個最好的例子，在他的文章中，這樣寫著：

「十九歲那年，手掌漸漸萎縮，手指也慢慢無法伸直，經過醫師診斷後，確定爲運動神經元病變，即所謂『漸凍人』。

漸凍人大致分兩種，第一種是一般型，大約三至五年就會死亡；另一種，也就是我所罹患的『年幼型』，大約要經過十幾年，最後心肺衰竭，走上人生的末途。

發病之初，不明瞭它的難纏與恐怖，當時有兩件事情，對我的打擊遠甚於此，一是，交往多年的女友，確定將滯留國外而分手；一是，父親竟將家產花盡，遠走大陸……

二十四歲那年，身體急速惡化，肢體僵硬無法行動，甚至生活起居都仰賴別人，以致無法外出工作，全靠母親微薄的薪資維生及治病。

待在家裡，看不到藍天綠樹，嗅不到海風花香，這種痛苦難以言喻。在專線裡，我獲得一名同樣是中途致殘的志工協助，藉由他的引導，我漸漸說出內心的恐懼與不安；也藉由他的鼓勵，我慢慢學會用助行器行走，跨出家門。儘管舉步艱難，但能夠再次踏上街道、走進人群，讓自己生命再出發的感覺，眞好！」

現在，耀霆每星期會抽出兩小時，從桃園開著他那部買來的二手車，來「聽你說」擔任志工。雖然他這樣開車，令人有些擔心，然而，看到他找到了工作，並因爲能服務別人而開心的表情，也只有祈求上天保祐他，一路平安。

「聽你說」專線是個雙贏的服務，不只讓來電的殘障朋友，有一個情緒抒發的管道，也讓接線的殘障朋友，能有一個爲他人服務的機會，找到人生的價值。

輯四

讓自己活得更好

用愛與死神拔河

每一個人對苦難皆有不同的看待，對天才的人而言是墊腳石，對能幹的人是一筆財富，對軟弱的人是一種萬丈深淵。

從小到大，死神屢屢向我招手。

有人曾說，像我這樣的身體，活不過三十歲。所以，有好幾年，非常害怕，感覺「死亡」猶如鬼魅般地尾隨在後。

三歲那年，四十多度的高燒，持續未退，全身抽筋，醫生對父母說，孩子凶多吉少，可以準備後事了。這時死神開始向我招手，然而我奇蹟似的活了過來，卻造成小兒麻痺症，手腳萎縮，無法行動。

唸小學時到台大醫院開刀，每一次在塡寫手術同意書時，每一次在麻醉藥發作、閉上眼睛的刹那，又看見死神在招手。經過四次刮骨切肉的手術，最後，我還是死裡逃生，睜開雙眼，看見這個世界。只是全身留下了許多長短不一、像拉鍊一樣的疤痕。有一次，參加一個聯誼活動，到海邊戲水弄潮，朋友看到我的背後打趣的說：「縱橫交錯，好像地圖一樣。」

手術後，仍然無法撐起枴杖走路，當醫生宣佈這輩子，我只能困坐輪椅時，我和照顧我的母親，相擁而泣。

國、高中時，教室在三樓，由於沒有電梯，每天都是靠同學抬上抬下。六年來，每一次都彷彿看見死神在招手，因爲只要這其中任何一次，有同學疏忽、不小心，我就可能跌入死亡的深淵。

最近這一、兩年，經濟不景氣，失業率上升，帶動人民的痛苦指數也節節攀高，「自殺」如瘟疫般地擴散開來，我在想，像我這樣一個生活上凡事都脫離不了別人幫忙，連晚上睡覺翻身都需要協助的人，該是最有資格結束生命才對，其實不管是論挫折、條件、身體狀況，我都應該是優先受理才對，哪輪得到那些人。

有人曾問我，人生中有這麼多的挫折與不如意，難道，從沒有悲觀到想死的念頭嗎？其實，眞的從沒有耶！如果說，這些人生的苦難是一種不幸，那麼最幸運的，就是老天補償給我如向日葵般、永遠面對陽光的樂觀個性吧！

說到「苦難」，就讓我想起「小鐵塊」的故事。

從前，有一個小鐵塊，他原本一直過著快樂安逸的日子，有一天，他的主人突然把他給丟到火裡去，他熱得好難過，於是便向火燄說：「火燄大哥，可不可以稍微降低一點您的溫度呢？」火燄禁不起鐵塊的聲聲喊痛，最後只好答應降低溫度。

不久後，鐵塊被人由火堆裡取出放在鋼板上，開始被鐵鎚給一下一下地重重敲打，他又受不了了，於是便再度開口：「鐵鎚大哥，可不可以將您搥打的速度，再放慢一點，擊打的力量再輕一點，讓我少受點苦吧！」鐵鎚也禁不住鐵塊的苦苦哀求，也答應照做。

最後，鐵塊在沒有經過多少的鍛鍊下，出了工廠，可是過了沒多久，他就滿身鐵鏽地回到原廠。當他再次看到工廠一角的火燄與鐵鎚時，不禁感慨：「我現在才了解，生命中有某些過程是不容逃避的，逃避了它們，生命也將隨之腐朽。」

每一個人對苦難皆有不同的看待，對天才的人而言是墊腳石，對能幹的人是一筆財富，對軟弱的人是一種萬丈深淵。我一直深信苦難的背後，必伴隨著祝福，困難越大，榮耀也越大。

有一年，廣青的工作夥伴徐玉樺邀請我參加一個教會活動，據說這位自國外來的牧師，得獲神的恩賜，能透過禱告為人醫病。聚會開始後，牧師口中唸唸有詞地祈禱，他用手在每一個人頭上一按，有些原本站立的人，立即應聲倒地，有些人則不斷地落淚，當牧師緩緩接近我時，在一旁的玉樺覺得我「站起來行走」就要成為事實，卻又不敢面對，於是遁逃至廁所，待活動結束後，玉樺跑出來問我：

「你能走路了嗎？」

「我剛才確實站了起來，隨即發現我的身高好似『侏儒』，最後，在殘障和侏儒之間，我選擇了殘障，所以又坐回輪椅。」

「眞的還假的？」玉樺半信半疑地問。

當然是假的！我是跟她開玩笑的，從那一次後，我深切體會「發生即是恩賜」，凡事不再強求、不再抱怨，一切順其自然。

步入社會工作這些年，小兒痲痺後期症候群開始日復一日侵襲我，脊椎側彎日益嚴重，已彎成了S型，有人說最後我會因心肺功能不彰、衰竭而死。

有一年因腎結石去醫院檢查，醫師把我的身子如同「烤香腸」一般翻來覆去，就是找不到我腎的位置，最後還是一位年長資深的醫師出馬才找到的，原來我的五臟六腑早已「乾坤大挪移」了。

如今已四十多歲了，或許知道自己的生命來日不多，反倒更加地珍惜與把握。三十歲後，便告訴自己，每活一天，就像「賺」到一天，而每一天我都活在「當下」，所以每天都是充滿驚喜與快樂。

不知道與死神這場長期拔河，會何時結束？但我不會讓他稱心如意，現在除了重視日常飲食，每年的健康檢查更是不可少，還有讓自己天天都開心，身體儘管慢慢毀壞，生命卻一天新似一天。我常樂觀地告訴別人，我要活到九十九歲，因爲生命不單是仰賴身體而活，更是靠信心而活。

如果有死神，我相信一定也有天神，因爲祂一切都看在眼裡，知道我愛家人、朋友，以及那些需要愛的殘障人士，天神怎麼忍心把我交給死神呢？這些年，完全是因著「愛」這種神祕的力量，驅走了憂傷、悲哀與死亡，讓我快樂地活了下來。

老殘遊記

如此相互扶持、自我挑戰的畫面，每天都會發生好幾次，這也是最讓人難忘與美好的「景點」。

當飛機離地起飛的剎那，所有人的心情也跟著起飛。

這是一支不一樣的旅行隊伍。每年九月中旬出發，約有三十多人，成員多是坐輪椅、撐枴杖，還有聽障、視障朋友，及年齡不小的熱心志工，最高齡達七十七歲，所以，我們笑稱自己是「老殘遊記」。

小時候，住在廣慈博愛院，院方每次舉辦郊遊或旅行時，坐輪椅的人都無法參加，因爲嫌我們不方便，院方也沒有人手可以協助，所以，只能眼巴巴的看著其他拄著枴杖的院童，興高采烈的出去玩。難過之餘，在心中也埋下了一顆種籽，有一天，我一定要出去旅遊，甚至讓跟我同樣重殘的朋友也能夠一起翱遊天際。

沒想到這顆小小的種籽，在二十年後竟然開花結果。四年前，我們節目開始帶領殘障朋友跨洋過海，到國外去旅行。第一年東澳「快樂之旅」，第二年加拿大「破冰之旅」，第三年歐洲荷、比、法「文藝之旅」，第四年歐洲瑞、德「山水之旅」活動，今年，我們將挑戰捷克、奧地利。

國外旅遊，對大部分的人是期待，但對殘障朋友來說，是既期待，又怕受傷害。因爲出國旅遊，除了需要一筆費用外，殘障朋友更需要人照顧、陪同，因此，往往要花雙倍的旅費，令人難以負荷；若是參加一般的行程，走馬看花的匆促，對殘障朋友的體力和腳程，都難以承受。

李燕就有難忘的經驗，之前她參加一般的旅遊團到義大利，因爲遊覽車不能開進古老市區，會壓壞石板路，遊覽車停得離餐廳很遠，對非殘友不是難題，但是撐單枴的李燕可慘了，當她好不容易挪步到餐廳時，其他團員都快吃飽了，她卻走得一身汗，「其實也累得吃不下了。」後來導遊借了一輛摩托車載她回車上。團員中洪金蓮也訴說著，有次旅遊住小木屋，上下階梯得靠同事揹，但她聽到別人批評，「如果要被人揹，不如不要來了，好丟臉。」讓她很傷心。

爲了完成許多殘障朋友的夢想，我們突破重重障礙，首先，選定好出遊的國家，通常皆以先進、無障礙設施較完善的國家爲考量；接下來，透過旅行社建議行程，行程中的每一個景點，以及住宿的飯店，都力求無障礙設施，而我們也會上網搜尋相關資料，和詢問曾去過該國家的朋友。團員的共識就是「旅遊要像度假，優閒自在，寧可少玩、少看幾個景點，也不要讓體力不勝負荷」。然後，再找三家旅行社，依據我們規劃的行程，進行評比與報價，最後，選擇一個最完備、最符合我們需求的旅行社。

這些前置作業完成後，便開始兵分兩路進行，第一是透過我們廣播節目和各項宣傳管道，號召志工和招募殘障的團員，依其殘障程度，分爲輕、中、重度三種，並有比例之分。如此考量是因爲重度者過多，在志工有限的情形下，勢必會影響整個行程的流暢度；但若輕度者爲多的話，則失去了舉辦此活動的意義。每次訊息發佈後，差不多一個星期左右，重度者的名額就立刻額滿，由此可見，殘障朋友對國外旅遊的殷切期待與嚮往。

當然，還有一個重要因素，由於我們的貼心安排，平均每一點五位殘障者，可配有一位志工協助，如此團費非但沒有加價，反而比參加一般團來得低廉，因爲我們不論殘友、志工，甚至主辦的我們，也是「一視同仁」，大家出的費用都是相同的。不像某些針對殘友舉辦的國外之旅，團費出奇的高，因爲他們把志工的旅費，都由團員分攤，所以他們的志工是不需付費的。

因此，志工的號召需要花較長的時間，然而，仍不乏有一些有愛心又熱情的朋友加入，李時強便是其中一位。在台電服務的他，五十多歲，白髮斑斑，在本團有「四朝元老」之稱，因他連續四年皆參與旅遊活動。他的獨特笑聲、豪爽個性，令人印象深刻；記得在東澳之行，那天正逢中秋佳節，晚餐後，他帶著幾分醉意，在遊覽車上，吟詩作對、高聲歡唱，他覺得「人生至此，夫復何求，好爽啊！」

來自三峽的「歐吉桑」志工詹正男說，自己出錢來當志工，其實也沒有什麼損失，算是「花錢來體驗人生」，而且風景也沒少看，殘障朋友給人的感動更多，在他們身上學會了「樂觀」，以往遇到不如意的事，常常會想不開，看到這些朋友，他眞覺得自己夠幸福了！

第二，則是尋求贊助單位，凡是承辦我們活動的旅行社或贊助單位，我們會安排其接受廣播節目的專訪，此有「互惠」效果，因爲該公司將原有的廣告預算，改換成贊助殘友出國的型態呈現，對他們不僅毫無損失，反而提昇其公益形象。而我們募來的所有費用，皆轉嫁在每一位團員身上。感謝警廣電台，十分支持這樣的公益善舉。

參加過加拿大之旅的王貞儿，四十三歲，出生沒多久即罹患小兒痲痺，成長的歲月中一直與生活困境搏鬥的她，終於可以在壓力稍輕的時候，坐坐夢想已久的飛機。她表示：

「國外旅遊，對我這個需要以輪椅代步的重度殘障者來說，簡直是天方夜譚！剛聽到旅遊活動訊息時，心中起了小小漣漪，我是否能去？沒想到答案居然是『可以，沒問題！』爲此，不放心的我還特別徵詢家人的意見，他們都驚訝不已，『像妳這麼不方便還能去國外？』經過百般爭取，我總算達成許久的夢想。當輪椅站在哥倫比亞大冰原上的那一刻，內心出奇平靜，宛如只有自己置身在這個天地裡，壯闊無比的大自然景觀中，我不過是個『點』，從高空往下俯瞰，可能連這個『點』都不存在，心中突然豁達起來，我們比起大自然是這般渺小，何需爲小事斤斤計較！

露易絲湖給我的感覺就像夢幻一般，如詩如畫，自己就像置身在美麗的明信片裡，恨不得時光就停留在此刻，讓我永遠享受這一份寧靜的美。」

當輪椅、鐵鞋觸及冰原時，再開朗的殘障朋友，也不免激動落淚，誰說征服自然、踏上終年不化的冰原，只是一般人的專利？愛心與人性化的無障礙科技，讓殘友破冰之旅的夢想終於成眞。

周煜開，三十九歲，出生後就沒見過這個世界的五顏六色，但是他從來不放棄用皮膚、鼻子、耳朵，去想像、體會這個世界，身爲音樂工作者的他，到哪都不忘帶著心愛的胡琴，也因此有了這一場難忘的「感官之旅」。

當阿開在維多利亞港口下遊覽車時，就被廣場傳來的蘇格蘭笛聲所吸引，立刻請志工帶他上前去，拿起手中的胡琴和他對奏了起來，沒想到奏著、奏著，團員竟然把他的琴盒打開，而遊客也紛紛丟錢進來，短短半小時，他不僅演奏得快樂，還賺了折合新台幣八百多元吧！

阿開說：「眞好！眞好！除了旅遊，我還可以在街頭表演，酷斃了！」

荷、比、法之行的陳一誠，也是一位視障朋友。許多人好奇的問他，你眼睛看不到，在台灣跟到歐洲去玩，還不是都一樣，爲什麼要花錢跑到那麼遠的地方去？

他說：「我聞到世界第一大花園——庫肯霍夫的秋天，摸到布魯日街道上那一扇扇深具歷史與造型的大門，聽到團員在羅浮宮、凡爾賽宮內欣賞珍品時發出的讚嘆聲，甚至，我的毛細孔感覺塞納河上不同的溫度變化。誰說，眼睛看不到就不能出國旅遊？我的心靈眼睛，看到的比一般人更豐富。」

另外，也是團內唯一的聽障者張耀元，雖然導遊講解時，他聽不到；團員在嬉笑時，他無法表達，但是每當這個時刻，其他團員就會主動靠近他，用唇語或筆談等方式轉述內容，讓他也能參與其中。

團員中有好幾對夫妻，讓我最動容的就是，胥青川與林育樺這對夫妻了。育樺罹患三好氏遠端肌無力症，從原本能走能動，萎縮到目前四肢無力，只能依賴電動輪椅。癱瘓在床的夢魘，整天如影隨形的跟著她，爲了讓日後有所回憶，此行成了她圓夢之旅。

這一路全靠丈夫揹上揹下。遊凡爾賽宮那天，下車時，青川一個踉蹌，從階梯上跌了下來，當下他立即雙膝跪地，以保護背上的妻子。後來，在我們強力要求下，他才肯偶爾給其他志工揹育樺，讓自己喘口氣。

這跟許多人殘障後，被另一半拋棄的慘狀，是截然不同的，誰說大難來臨，夫妻一定各自飛？青川和育樺這對夫妻，用實際行動爲婚姻做了最美的見證。

而拄著雙枴的王智立、林明瑜，則是在一趟趟的旅遊中，從朋友進展爲情侶，最後，走上紅毯的另一端。他們結婚時，許多旅遊的夥伴都來慶賀，這可說是舉辦旅遊活動，令人意想不到的收穫。

雪，似乎與殘障朋友之間是絕緣體。

在台灣，賞雪要上合歡山，對殘障朋友來說，這條登山之路，卻是障礙重重、望之興嘆。相信大多數的殘友，都和我一樣，從未親眼看過雪，只有聽人描述著，雪和家中冰庫結的霜類似，這就是爲什麼我們不惜千里迢迢來到瑞士鐵特力士山賞雪。

這一天，老天作美，賜下陽光普照的好天氣，我們驅車前往此行的重頭戲——賞雪。先是搭上可容納四至六人、外型好像烏來一般的纜車，不同的是，這裡的纜車，輪椅可直接推進去。

纜車順著頂上的軌道，緩緩上升，置身其中，猶如騰雲駕霧般地快活，霎時，傳來悅耳的銅鈴聲，彷彿來自天際穹音。正疑惑音源來自何處，才發覺是腳底下，偌大的一片青青草原，牛群吃草時，繫在脖子上的牛鈴，此起彼落所發出的聲響。

又換搭另一部可容納二十至三十人、如火車車廂一般的纜車，越向上走，感覺越接近天空。最後，搭上也是可乘坐多人的圓型三百六十度旋轉纜車，登上海拔三千零二十公尺的鐵特力士山。

洪也迦，二十年前曾到合歡山玩過雪，之後罹患「類風溼性關節炎」「紅斑性狼瘡」等疾病。她想，今生今世大概再也沒有機會賞雪、玩雪了，當她踏上鐵特力士山，望見皚皚白雪的景象時，其他團員正欣喜若狂，相機快門不斷的閃爍，而她，卻激動地不斷掉眼淚。

在國內時，她總是病懨懨的，一天要服下好幾顆藥丸及類固醇，還不見得能紓緩病痛。來到了國外，或許是心情的放鬆和環境的不同，竟讓她的藥量減少，而且身體也感到舒服許多。

四年來，我們每一趟的旅遊，打從機場開始，就是眾人矚目的焦點，近十多輛輪椅，加上拄著枴杖的朋友，一群人浩浩蕩蕩，這樣的情景，在每一處景點，都讓人留下難以抹滅的印象。曾經贊助過我們旅遊活動的華信航空蕭曉玲小姐，在她的文章中曾這樣寫著：

『殘障人士』，我由衷地不愛聽這四個字。

任何一個人，只要靜下心來捫心自問，或多或少在生理、心理上都有些缺陷，只是人類善於掩飾的本性，總將缺陷巧妙的隱藏。但，有些人也許是先天、也許是後天，上帝給了他們特殊的恩典，讓他們在肢體或視覺、聽覺上有些異於一般人，目的是要給予更多的考驗，讓他們更懂得體會、感受生命的美麗，而這些美麗常是一般人不懂得欣賞、不懂得珍惜，更不懂得感恩的。

感謝警廣『劉銘、李燕時間』節目，帶行動不便的朋友赴澳洲、加拿大旅行，當十四部輪椅浩浩蕩蕩的推進出關檢查站，我不斷地吞嚥口水，以抑住欲哭的激動，因爲我看到溢於言表、誠心誠意的快樂，這就是我對劉銘、李燕的感謝，他們不僅克服了自身的難處，還帶著一隊人馬去探索世界……」

旅遊中，我們坐過飛機、遊覽車、火車、馬車、船等交通工具，每一項都是一次挑戰。就拿上下遊覽車來說，對一般人只要幾分鐘就能完成的事情，但那兩三階梯，對殘友卻猶如攀爬天梯，非常的辛苦，所花費的時間，往往是一般人的好幾倍，一趟下來，差不多要用去近十五分鐘的時間。

看著每一個人，用著不同的姿勢上下車，有人要用雙手攀爬、有人用倒退方式，而志工則在一旁或抬腳、或扶腰，對於一些無法自行上下車的殘友，則或揹、或抱的協助他們。從每位團員吃力、用力、努力，竭盡所能的靠自己完成每一趟上下車，爾後，面容上露出挑戰成功的喜悅，眞教人感佩。如此相互扶持、自我挑戰的畫面，每天都會發生好幾次，這也是最讓人難忘與美好的「景點」。最後連語言不通的司機，也被大家的精神所感動，主動的搬抬輪椅及協助團員上下車。

在一般人的眼中，殘障朋友出國旅行，是一項「不可能的任務」，而我們卻把一項一項的「不可能」變成「可能」；當愛存在，障礙消失，身體的缺陷，不再是殘友擴張版圖的限制，有愛無礙，現代版的「老殘遊記」證明了這點。

都是歧視惹的禍

人為何會有「歧視」這樣的劣根性，若是更深入的探討，追溯其源頭，這可能就是人類的「罪性」吧！

人們心中因爲有著一把喜歡度量別人的尺，因此，歧視便慢慢產生了。

節目裡曾經訪問過一位下肢不便的朋友，她在國外拿到兩個碩士學位，按說這樣的高學歷，應該是她來選擇工作，而非工作來選擇她，然而，事實上，在求職的這條路上，她卻是困難重重，遭受許多歧視。

讓她最難以抹滅的一次記憶，是她看報去應徵一份文書工作，到了這家公司，老闆就跟她說：「對不起，這個缺額已經有人來應徵，而且錄取了。」

當她離開後，想確定這份工作究竟是找到人了，還是因爲「殘障」而拒絕她。於是，在這家公司的樓下，她撥了公用電話上去。

「請問你們公司是不是在應徵文書人員，現在還有沒有缺人？」

「當然缺人，歡迎妳過來看看。」

另外，還有一位受訪者，他是洗腎病友（重大器官失去功能者，也屬於殘障類別之一），工作勝任愉快。兩個月後，當老闆發現他需要洗腎，無法配合加班，便辭退了他。

這兩個眞實的故事，絕非個案，殘障朋友所遭受的不公平、歧視之處，實在有如天上繁星，不勝枚舉。

在身心障礙者保護法中，有一項保護殘障者工作權益的「定額雇用」，規定公家機關員工人數達五十人、私人公司達一百人，需雇用一位殘障者，若是沒有遵守，將受到罰款，也就是需繳交基本工資一萬五千八百四十元。

就以首善之都的台北市來說，因爲晉用殘障者人數不足，每年所繳納的罰款，已經累積約新台幣五十六億元。從這個驚人、龐大的數字背後，讓我們看到這其中蘊含了多少人們對殘障者的歧視與不認同啊！

多年前，好幾個殘障福利機構偕同消基會，召開公聽會，也就是針對殘障者搭乘國內航空器人數限制，作一討論。參加的航空公司代表表示，之所以會有人數的限制，完全是基於「飛安」考量。當時，我便慷慨直言、提出反駁，因爲每年我們都會帶一群殘障者和志工出國旅遊，足跡踏遍澳洲、美洲、歐洲等國家，就以我們去過的加拿大來說，他們對於人身安全的注重，遠超過台灣，可是他們的國內班機並無對殘障者有人數上的限制，而台灣竟然大言不慚的說是飛安問題，這根本就是變相的歧視，要不就是我們的飛安眞的禁不起考驗。

其實，不只是歧視殘障者，像同性戀者、肥胖者、貧窮者、有色人種等等，也一樣會受到歧視。人爲何會有「歧視」這樣的劣根性，若是更深入的探討，追溯其源頭，這可能就是人類的「罪性」吧！

說到有色人種，就讓我想起一則笑話。

有幾位小孩上天堂，來自不同的國家，首先，是個白人小孩來到審判者面前，審判者一看到白人小孩就說：「哇！好可愛，金頭髮、白皮膚、藍眼睛，來，給你一對翅膀，讓你當天使。」

接著來到審判者面前的是黃種人小孩，審判者看著他說：「嗯，你很可愛，黃皮膚、黑頭髮、褐眼睛，來，給你一對翅膀，讓你當天使。」

最後，來到的是一位黑人小孩，審判者驚訝的看著他說：「嘿！眞是可愛的孩子，黑皮膚、黑頭髮、黑眼睛，來，給你一對翅膀，你去當『蝙蝠』吧！」

南非黑白種族隔離政策，曾讓非洲原住民黑人遭到許多不平等的待遇，有位作者即以天生膚色的差異，來表達心中的不滿與無奈。

「親愛的白種人，有幾件事你必須知道
當我出生時，我是黑色的
我長大了，我是黑色的
我在陽光下，我是黑色的
我寒冷時，我是黑色的
我害怕時，我是黑色的
我生病了，我是黑色的
當我死了，我仍是黑色的

你……白種人
當你出生時，你是粉紅色的
你長大了，變成白色的
你在陽光下，你是紅色的
你寒冷時，你是青色的
你害怕時，你是黃色的
你生病時，你是綠色的
當你死時，你是灰色的
而你，卻叫我
『有色人種』？」

美國的原住民黃鹿先生寫的短文中說過：

「如果你歧視我，是因爲我很髒，我可以把自己清洗乾淨；
如果你歧視我，是因爲我很壞，我可以努力改邪歸正；
如果你歧視我，是因爲我無知，我可以努力學習；
如果你歧視我，是因爲我無禮，我可以糾正我的行爲；
如果你歧視我，是因爲我的膚色或種族或殘障，
那你是在歧視老天賜給我的東西，
對此我是毫無能力改變的。」

歧視，是一種多數人對少數人的欺壓、凌辱，彰顯了「我尊你卑」的心態；歧視，拉開了人與人之間的距離，也讓這種距離造成彼此的漠視、衝突。

我想，唯有愛與尊重能彌補這樣的缺憾，如何使得人們懂得用愛，以及尊重與人相處，就是透過教育扎根。

這也就是爲何我經常到學校演講，針對國小、國中的學生，讓他們對殘障有所認識與了解，並告訴他們如何與殘障朋友相處。我認爲要讓觀念已經根深柢固的年長者，對殘障朋友有所改變，那是難上加難，唯有期待從這群國家未來的主人翁著手，因爲他們恰似一張白紙，許多是非價值，或是對殘障者的觀念，尚在慢慢成形當中，因我才不斷地種下「希望」，雖然我未必享受得到這果實，但未來的殘友人生道路，就不會有那麼多歧視和辛苦了！

有這樣的一個故事，一位長得胖胖的小姐，在公車上，看見一位身懷六甲的婦人，手裡還牽個三、四歲的小女孩上車，她趕緊起身讓座，那婦人連連道謝後入座。

一路上，小女孩一直望著她，當時她還以爲是自己長得白白胖胖，看起來還滿「古錐」，這小孩一定是想跟她玩，她正得意地猛對小女孩點頭、微笑時，小女孩突然問身旁的母親：「媽媽，爲什麼這個阿姨長得好胖喔？」

天啊！她當時愣住了，同時也發現有好多隻眼睛看著她，眞恨不得挖個地洞鑽下去。結果小女孩的媽媽，給了一個出乎意料的回答。

「妹妹，妳喜不喜歡花？」媽媽問孩子。

「很喜歡啊！」小女孩開心地回答。

「那妳能不能告訴媽媽，花有幾種顏色？」

「花有白色的，還有黃色、紅色、粉紅色……」小女孩將手指頭伸出來，算給媽媽聽。

「那妳喜歡大朵的，還是小朵的？」媽媽又問。

「都喜歡！」小女孩回答。

「人也是一樣啊！有胖胖的、有瘦瘦的，只要是好人，妳是不是也和媽媽一樣都喜歡？」媽媽繼續說。

這時，只見這位小女孩天眞無邪地望著胖胖的她，然後說：

「阿姨，妳是好人，我喜歡妳。」

此時，這位胖胖的小姐，內心如同波濤洶湧般地感動，這位小女孩的媽媽非但替她解了圍，也給了小女孩一個正確的觀念。

如果我們的社會，能有更多像這位充滿智慧的媽媽，不在乎外在的胖瘦，以及身體是否有殘障？那麼「歧視」這害人不淺的東西，便會漸漸減少、消褪。

有那麼一天，歧視能幻化成諧音的「騎士」，騎著馬揚長而去、消失人間，那該多好啊！

好雙胞胎vs.壞雙胞胎

抱怨這玩意超奇特的，怨到深處，非但不能「無怨尤」，反而會讓自己受到更多束縛，運氣也會變得越來越「背」，倒楣加三級。

有兩對雙胞胎，在我生命中扮演重要的角色，願將他們介紹給大家。

第一對雙胞胎，哥哥叫「自信」，弟弟叫「自律」。什麼是「自信」？許多人常會有如此的疑問，現在，我就講個小故事給大家聽，聽完之後，或許有人就豁然開朗、化解迷津了。

從前，在一個窮僻的村落裡，正逢乾旱，稻田裡因爲沒有雨水的滋潤，所以長不出半點穀子，接踵而來的便是「饑荒」，籠罩著整個村莊，大家最大的心願就是希望老天趕快下雨，以紓解旱象。然而，在用盡各種方法都無效後，眾人的心情更加的沮喪難過。這時候，有一個十歲左右的小女孩，提出一個建議，那就是集合全村的人民，一起至矗立於村中空曠之地的精神堡壘求雨，在沒有更好的良策之下，大家也只好姑且聽之，死馬當活馬醫。

求雨的當天，所有的人皆虔誠膜拜，口中喃喃自語，唸著、唸著，雨滴開始自空中飄下，慢慢地，雨滴如豆大般的落下，最後，變成了傾盆大雨，大家正在欣喜之際，也不免抱頭鼠竄、紛紛避雨，只見此時，有一個人，不慌不忙地撐開雨傘，從容自若地走在雨中。

故事說完了，有人問到那個人是誰呢？聰明的您，我想一定知道那個人是誰？對！就是那個提出求雨建議的小女孩，因爲她充滿信心，認爲一定會下雨，所以，有備而來攜帶雨具，不致像其他人一樣，淋成落湯雞。

自信，儘管摸不到、嗅不到，卻可以感受得到，就像在那位小女孩身上看到了。信心，呈現於外，是一種吸引人的魅力，在內則是源源不絕克服困難的力量。去年底的那次讀書會，郝明義送給大家一句和「信心」有關的話——「信心不是讓我們從黑暗走向光明，而是從黑暗走向更黑暗之處」，這句話十分發人深省。

常有人問到，像我這樣坐在輪椅上的重度殘障，應該看見的是「自卑」才對，爲什麼竟然洋溢著諸多的「自信」？而這些自信又是如何建立的？

這時，就要請雙胞胎的弟弟「自律」出場了，我認爲要建立自信，最好的方法，就是自律。「自律」就是自己規律自己、管理自己，就拿我來說，每天一定要做兩件事情來管理自己，第一件就是早上起床後，固定的如廁，好讓自己有良好的衛生習慣，腸胃健康的循環；第二件就是每晚臨睡前，一定提筆寫日記，爲自己每天的生活做紀錄、生命做反省。另外，這樣做還有鍛鍊筆力的作用。

自律，一定要不間斷、有恆心地去做，漸漸地，才能變成生活上的一種好習慣，有句話說得好——「沒有好習慣，事業很難成功；沒有壞習慣，事業很難失敗」。

三天打漁、兩天曬網的人，這種就是缺乏自律的人。自己若無法掌控自己，休想在生活、工作、情感、人際關係等方面，有所斬獲或好的成果，因此，自律是培養好習慣與建立信心的重要法寶。好習慣越多的人，越容易接近成功；壞習慣越多的人，則會與失敗爲伍。有句話說：「成功是優點的發揮，失敗是缺點的累積。」

有人問到，是否可以不透過自律，就能獲得自信？答案是不可能，因爲沒有自律的自信，叫作「自大」。

接下來，再介紹另一對雙胞胎，他們兩人長得就更像了，只有「一」橫之差，哥哥叫作「哀」，弟弟叫作「衰」。哀就是抱怨，衰就是倒楣的意思，用台語來說最是傳神——「哀久了，就會變衰」。

世界上有兩種人，一種是喜歡「比較」的人，一種是喜歡「計較」的人，一旦成爲其「較」徒，便開始了抱怨。抱怨這玩意超奇特的，怨到深處，非但不能「無怨尤」，反而會讓自己受到更多束縛，運氣也會變得越來越「背」，倒楣加三級。

以前，自己都是搭乘計程車上下班，被拒載乃司空見慣的事，許多運匠看見我招手攔車，經常是視而不見、呼嘯而過。最高紀錄是有一次下雨天，叫了一個半鐘頭，才有一輛車子願意載我。假設，之前總共被四十九輛車子拒載，直到第五十輛才肯停下來。當我坐上車子時，心中充斥著許多的比較與計較，因此，我口中叨叨絮絮、抱怨不已，甚至還詛咒拒載的那些車子，最好發生車禍。

這樣的情形，對載我的這位愛心司機，何其無辜，我回饋給他的竟然是一副毫無笑容、雙眉深鎖的苦瓜臉，以及唸唸有詞的抱怨，試問，下回當這位司機看見有其他的殘障朋友叫車，他還會願意停下來嗎？答案當然是「不願意」。因爲我的抱怨，影響了他對其他殘友的印象。

其實，我比任何人更有權利抱怨，然而發覺，抱怨不但無濟於事，反而讓事情變得更糟糕、更難處理，有時，甚至錯失了解決問題的「黃金時間」。

之後，我停止了抱怨，每當坐上計程車時，我會滿懷感謝，和司機閒話家常，讓他看到的是一張有說有笑的蘋果臉。我知道當這位司機有了這次良好經驗後，下次再看見其他殘友攔車時，一定會願意繼續停下車來，載殘友一程。

事情就是這樣奇妙，抱怨帶給人一種惡性循環，然而一旦停歇抱怨，就會出現良性循環。如今，每當被計程車拒載時，我總是會樂觀、自信地告訴自己「下一部車，會更好」。

這兩對雙胞胎，「自信」與「自律」是讓我們見賢思齊、值得學習的榜樣；而「哀」與「衰」則可成爲借鏡，警惕我們減少抱怨，以免踏上失敗的窮途末路。

如果是您的話，您願意和哪一對雙胞胎結交朋友？

圓、缺之間

圓與缺之間，要靠愛來彌補；障礙者與非障礙者之間，要靠心來溝通。

在自然界中，少數是一種珍貴，像瀕臨絕種的動物：綠蠵龜、雲豹、帝雉……在人們的眼中，極度受到保護；而在人類的社會中，少數反而成爲「弱勢」，受到人們許多的鄙視與欺凌，而殘障朋友便是屬於這樣的弱勢族群，最明顯受到打壓的，就是我們的「工作權」。

有句話說「給他魚吃，不如教他釣魚」，於是許多福利機構便開始了教殘障朋友「釣魚」的職業訓練，政府相關部門也投注了不少經費在上面。然而，問題來了，經過職訓後，許多殘障朋友也擁有了「釣竿」，卻苦無可以讓他們揮竿釣魚的場所，不論是小池塘或河流大海。而政府部門非但不能明察此一窘狀，仍在繼續地開班訓練，有的殘障朋友甚至已經握有好幾支釣竿了。一些殘福機構，即使已經招不到學生了，甚至還出現了「職業學生」，機構仍繼續開辦職訓班，政府也毫無監督地給予補助。

其實，這是一個大環境的問題，社會中多數人仍存在著「以貌取人」的觀念，認爲長得美麗、帥氣就是有能力的人，而像殘障朋友外在有缺陷，很容易就跟無能劃上等號，就像「身心障礙者保護法」中的「定額雇用」，強制規定公家機關員工滿五十人，私人企業則是員工滿一百人，需雇用一位殘障人士。然而，事實上，強制歸強制，還是有許多公、私立團體，寧願被罰錢了事，也不願給殘友一個工作機會，否則台北市身心障礙者就業基金專戶，也不會累積罰款達約新台幣五十六億元。

其實，政府的「藥方」開錯了，我願意提供一帖藥劑，保證有效，那就是：

「唯有了解，沒有距離」。

殘障者與非殘障者之間，會有許多的誤解與不安，人與人之間會產生許多的偏見或害怕，主要的原因是缺乏「了解」，一旦彼此能夠有所了解，這些障礙便能一掃而光、迎刃而解。以我從事廣播工作多年的經驗，深知要扮演兩者之間最好的溝通橋梁，那就是「媒體」，台灣的媒體蓬勃發展、四通八達，爲什麼不好好利用？君不見有那麼多政治人物或演藝人員，哪裡有鎂光燈，哪裡便可以看見他們的身影竄動。

多年前，香港有位藝人叫作泰迪羅賓，個子矮矮的，背後還隆起一個如小山丘的「駝背」，由於他在電影中所主演的都是一些神探或怪俠之類的角色，小朋友看了非但不覺得鄙視、怪異，反而把他當作模仿的偶像，在背後塞枕頭來扮演他的模樣，由此可見，媒體的力量，影響至鉅，無遠弗屆。

廣青也曾向台北市身心障礙者就業基金專戶，申請製作有關殘障人士的廣播與電視節目，然而都被駁回，原因是此基金專戶之申請，需以促進殘障朋友就業爲主，其他項目一概不予受理，眞是食古不化的觀念。前面已經說過了，目前當務之急，就是透過媒體，有計畫、有系統不斷地宣廣，讓社會大眾對殘障朋友有正確的認識和了解，而非一味地對殘友加以訓練，不在乎其是否有工作，可以揮竿釣魚？訓練過度的結果，就是資源的浪費。

也許有人會說，政府還是有在爲殘障朋友的議題宣廣啊！其實，那根本像在打「散彈槍」一樣，偶爾才會有殘障朋友的報導或節目介紹，有些甚至以悲情或誇大不實爲訴求，像這樣的內容，報導了還不如不報。

去年（九十年），廣青文教基金會所舉辦的「圓、缺之間」——身心障礙者紀錄片影展，就是一次非常成功的宣廣活動，爲殘障者和非殘障者之間，搭起了一座良好溝通的橋梁。我們引進了國際間極負盛名、和殘障朋友相關議題的八部紀錄片，分別是「跛腳王」「鐵肺人生」「乖男孩」「聲音與憤怒」「阿弘的天空」「再見乖男孩」「美麗新視界」和「潛水鐘與蝴蝶」。

其中，前三部曾榮獲奧斯卡金像獎最佳紀錄片，第四部則獲得金像獎的入圍。這些紀錄片分別在台北、新竹、台中、高雄縣市五個地方，利用週休二日映演。每場影片播映完，即和現場觀眾有互動的座談。

在台北場次中，場場爆滿，連地面也坐滿了人。尤其播放「潛水鐘與蝴蝶」一片時，或坐或站，把片場擠得像沙丁魚罐頭一般，深怕門一開，就會有人從裡面「掉」了出來。

台北場次結束的那晚，有位熱情的觀眾送了一個蛋糕，工作人員和志工們圍在一起，爲影展台北部分，劃上圓滿句點而慶祝。寒冬的戶外，洋溢著笑聲和感謝，大家的心裡都是暖暖的。

而在其他地方的映演，人數雖然不及台北的多，但也出現不少熱情、溫馨的事情。住在林口的林大姊，老公開車，一車四人至台中觀賞；花蓮的鄭小姐，搭了六個小時火車，至高雄市觀賞，而且兩天八部影片，全部看完，像這樣的「影癡」，在各地場次中，大有人在。

這次影展活動，來參加的非障礙者占了七成，這是令人雀躍、稱道之事，如此的「盛況」，在許多殘障福利機構所舉辦的活動是不常見的。大多數殘福團體的活動，最期盼的就是更多非障礙者參與，藉此能夠對殘障朋友有所接觸與了解，然而，往往事與願違，來的人多數是殘障者及其家屬，非殘障的朋友少之又少。

試問，只有一方人馬齊聚，而不見另一方人馬到來，該如何搭起彼此溝通的橋樑呢？

像廣青這樣一個小型的基金會，一樣可以小兵立大功、出奇制勝。所以，只要活動透過適度的「包裝」，便能打開溝通的大門，達到活動宣廣的目的，讓社會大眾對殘障朋友能有正確認識、新的界定，有助於殘障者形象的提昇。若是能有更多團體的齊心努力，再加上政府的支持，相信很快地就能扭轉一般人對殘障者錯誤或刻板的印象，而給予一個揮桿釣魚的場所，讓原本是社會的「負債」，也可以變成「資產」，這才是正本清源之道。

這次影展的成功，背後有兩位重要推手，一位是蕭菊貞導演，一位是名影評人游惠貞，近半年的相處、共事，她們兩位儼然成了半個「廣青人」。另外，還有大塊文化、金鴻兒童文教基金會、悠亞健康醫學中心、中美和文教基金會等團體的共襄盛舉，以及許多默默付出、任勞任怨的志工們，在此，致上崇高的敬意與感謝。

凡看過影展的朋友們，彷彿每個人的心田撒下了一顆種籽，他們好似「種籽部隊」，有朝一日，當種籽發芽結果時，將藉著他們的口向世人述說，某年某月某日那一刻的悸動，不僅鼓舞了自己受創的心靈，也願意適時地伸出關懷的雙手，讓殘障朋友在人生的道路上，走得更挺更直。

圓與缺之間，要靠愛來彌補；障礙者與非障礙者之間，要靠心來溝通。

少年耶！讚哦！

一個活動辦得有聲有色，只是一時的，若能持續不輟的辦下去，那才是難能可貴、令人欽佩。

有人對於時下青少年，頗有微詞，因爲他們生長在物質生活富裕的時代，不懂得惜福感恩，常有迷失於暴力、毒品、電玩等戕害身心健康的事物之中。根據內政部警政署九十年度資料顯示：警察機關查獲少年嫌疑犯人數一萬七千零四十九，占總嫌疑犯比率百分之九．四。

對於這些徘徊於人生十字路口的青少年朋友，我們能爲他們做些什麼？

廣青與金鴻兒童文教基金會合作的「少年耶！讚哦！」活動，今年邁向第六年。六年來，讓我們看到即使是拄著枴杖步伐蹣跚、視力障礙需要志工扶持，但我們的足跡仍從台灣頭走到台灣尾、從本島到離島，並跨洋過海受邀至日本橫濱參加身障者運動大會中的表演。

許多政治人物，全省走透透，是爲了獲取選票；而我們全省走透透，是爲了宣導「生命教育」的意義，並讓成長中的青少年，對殘障人士有一個正確的認知，也鼓勵這些國家未來的主人翁，在遭遇挫折、困難時，也能效法這些障礙者「殘而不廢」的精神。

三十場的演出，服務達一萬七千多人，金鴻並送出一萬一千多本《愛的路上你和我》給每一站演出的觀眾。節目內容包括：擅長於詞曲創作、視障者林家德的歌唱、公視「聽聽看」節目主持人——聽語障者陳濂僑的默劇表演，周煜開胡琴、手風琴的演奏，以及我和他的「胡琴對話」脫口秀，和聲優美、充滿愛與關懷的陽光小雨二重唱等等；而彭康福的爵士鼓、劉培軍的薩克斯風、周煜開的電子琴，三人所組合的樂團，讓全場的氣氛，熱力四射、青春洋溢，酷似現代年輕人所鍾愛演唱會的形式，舞台上則是由李燕和我主持，素有「團康高手」的金鴻執行長陳嘉文，也是「撩落去」，台下、台上滿場跑，將觀眾逗得笑聲不斷、好不熱鬧。

如此的精心策劃，再加上殘障朋友心路歷程、生命故事的分享，於是在少輔院、校園、殘障機構等單位，正式粉墨登場，唱將開來。

有一次在龍山國中演出，結束後，有兩位即將面對聯考國三女同學，來後台找陽光、小雨，眼眶泛著淚水說，課業帶給他們十分沈重的壓力，沈重得快喘不過氣來，但今天看了演出與分享，相形之下，眞是小巫見大巫，頓時，壓力紓解了許多，心情也豁然開朗了；離開時，陽光和小雨拿起柺杖，挪動步伐，主動過去擁抱她們，拍拍她們的肩膀說「加油」。在一旁的我，淚水不由自主地在眼眶中打轉。

去年斗南高中那場演出，人數約有一千七百多人。金鴻李綺敏主任安排了一位綽號「猴王」的同學幫我推輪椅，負責主持節目時推我進退場。猴王高高、帥帥的，長得眞有點像「美猴王」一樣，猜想這應該是他綽號的由來吧！綺敏私下告訴我「猴王是學校的頭痛學生，希望藉著推你讓他有所學習」。

節目開場時，我打趣地表示，因爲自己是重要人物，爲預防有恐佈份子襲擊我，故請這位練有中國功夫的「猴王」當貼身保鑣，幫我來擋子彈……我以輕鬆逗趣的方式來說明這件事，請台下的同學給予推我出場的猴王掌聲，爲的是對猴王的服務給予鼓勵和肯定。我想站在身後的猴王，一定很高興，這從未有過被稱讚的經驗，因爲其他人對他避之惟恐不及，更遑論有人爲他鼓掌了。

節目進行中，猴王一直跟在後台陪我，他很安靜，問他問題他也是以最簡單的字句作回答，臉上還會出現靦腆的笑容，實在讓我很難把他和「頭痛」「問題」學生聯想在一起。

「猴王，謝謝你當我的貼身保鏢，這樣我就不怕恐佈份子。」我仍不改幽默地說。

「其實，我就是學校的恐佈份子。」沒有料到猴王會這麼回答，我明知道猴王是問題人物，可是他一旦親口說出，一時間，我反而無言以對。

很佩服猴王勇敢說出心裡的話，或許這就是他改變的開始；事實上，演出前後他眞的有所改變，綺敏說之前請猴王來幫忙時，再三叮嚀幫我推輪椅要小心，不要讓我摔下來，豈料猴王竟說：「我來讓他摔摔看。」這一段綺敏沒敢告訴我，以免徒增我壓力，影響節目主持。

活動結束後，猴王和一位老師把我從舞台沿階梯抬下，他還不時提醒老師：「卡小心一點（台語）。」

離開斗南高中時，我送了一本自己的著作《愛的路上你和我》，並簽上自己的名字給他：「謝謝你今天的幫忙，我覺得你不是恐佈份子，而是愛心使者。」

猴王沒有說話，快步的離開了。在最後一瞥中，我看見了他的一抹笑意，也看見了讚美、肯定在他身上所產生的變化。

少輔院、監獄的演出，是十分不尋常的經驗，從接洽演出的事宜開始，便可以明顯地感受對方多一事不如少一事、怕麻煩的態度，不是禁止這個，就是限制那個，必須在完全的配合下，才准許我們的演出。不可思議的是，每每演出結束後，工作人員的態度也有一百八十度的改變，對我們的節目讚不絕口，並說「你們的演出是最佳的活教材，帶給這些受刑人最好的人生啓示，歡迎下次再來。」這其中，最扯的就是有一些「教誨師」，最應該「教誨」的是他們自己，人前一套、人後一套，如此又豈能要求獄內的矯正教育有良好的功效？

許多單位，對於我們這種公益性的演出，經常會抱持疑惑的態度，到底這些殘障人士演出的水準如何？能帶給台下觀眾什麼樣的影響和收穫？從開始的懷疑，到後來的激賞，而且屢試不爽，這也說明大部分的人，對殘友的不了解，甚至有「他們很可憐」「他們能有什麼不凡的表演」這些負面的想法，越是如此，我們這列「生命教育」列車越是不能停下來。從每一場演出後，所有演出與工作人員，聚集在一起召開檢討、改進的會議，期許每一次的演出都是「經典之作」，大夥兒也自我勉勵，在舞台上「只有表演的成績，而沒有同情的分數」。感謝金鴻兒童文教基金會這些年的出錢出力，不但讓殘障朋友的各項才藝有發揮表演的舞台，也讓殘友向上、向善的精神，鼓舞了他人，美化了社會。

一個活動辦得有聲有色，只是一時的，若能持續不輟的辦下去，那才是難能可貴、令人欽佩，因為唯有長時間的累積下來，才能產生影響、看見成果，而「少年耶！讚哦！」就是這樣的一個活動。

有一年，接獲一位女孩的來電：

「我是雅萍（化名），記得我嗎？」

「雅萍？」咦！我心裡嘀咕著，對這個名字，我怎麼一點印象都沒有。

「你不是要我從少輔院出來後，跟你聯絡嗎？」

這時，我才恍然大悟，然而還是不知道「雅萍」是何許人也？原來我同每一位握過手的受刑人都說過同一句話，沒想到眞的有人來找我。

「約個時間出來，我請妳吃飯，一起聊聊天，如何？」我希望做些彌補，熱絡地表示。

「好啊！」她欣然同意。

事後，雖然她爽約了，我還是很感動她打電話給我這件事。

又有一次，在廣青的電梯裡，有一位長得高高、帥帥的陌生年輕人對我說：

「謝謝你們以前到少輔院關懷我們，我現在已經開始工作了。」

說完後，他便在自己抵達的樓層離去，徒留來不及回答的我，我的感動也隨著電梯，緩緩上升。

感謝殘障

總覺得自己是一流的靈魂，住在三流的身體裡，但若從另一個角度來看，總好過三流的靈魂，住在一流的身體裡。

殘障者多半會抱怨殘障，我卻要感謝殘障。

曾經接過這樣的一通電話，一位未謀面的聽眾，語氣中充斥著諸多不滿，不斷地跟我抱怨，殘障對她造成的傷害，讓她找不到工作，所以一直待在家裡，害怕出門。我儘可能地去感同身受，想她殘障的程度一定和我一樣嚴重，我不能要求所有重度殘障者，都必須跟我一樣，積極奮發，走出自己的一片天。

慢慢地，我試圖了解她殘障的情形：「妳是哪裡殘障？」

「截肢，我的右手腕截肢。」她的語調中顯得有些得意。

「妳的殘障程度這麼輕微，有什麼好抱怨的？」我不解的問。

「你又沒有殘障，你根本不了解殘障的痛苦。」她理直氣壯的表示。

哇！原來她不知道我也是殘障者，而且是重度殘障，平時在廣播節目裡，並無避諱去提起自己是殘障者，當然也不會刻意去強調。

「妳相信嗎？我也是殘障者。」我提高聲音說。

「真的還假的？你哪裡殘障？」她充滿疑惑。

「我比妳嚴重多了，必須坐在輪椅上……」

從那一刻起，發覺電話彼端的她，語氣變得柔和了，也慢慢減少抱怨。

感謝殘障，如果不是殘障，即使我舌粲蓮花，說出再多的人生道理，相信還是無法說服她，因著我的殘障，讓她開始改變了。

就外在的條件我是糟透了，幾乎凡事都需假人之手、靠人協助；上下車需要人抱上抱下，洗澡、如廁、上床，也少不了家人幫忙，就連晚上睡覺翻身，都得喊醒老婆，因此，我要比任何人更有權利怨天尤人，我可以讓自己墮落敗壞、自生自滅，相信別人也不會過於責備，因爲，我眞的太不方便了。

然而，我沒有這樣做，取而代之是積極進取、樂觀看世界，我看到苦難的背後，有更多的祝福和機會，這也就是爲什麼同樣一句話，我說出來就是那麼有力量、那麼激勵人心、那麼安慰生命。

有一次，我到監獄演講，結束後，現場的朋友報以熱烈的掌聲，典獄長走過來向我握手致意。他表示這些受刑人，在人生的十字路口跌倒，他們經常會爲自己找許多藉口，以往所邀請的專家、學者演講，這些人根本聽不進去，他們總認爲這些演講者所說的都是「屁話」，而他們之所以成爲專家、學者，可能有不錯的家境、可能在人生的道路上少有挫折，所以才能夠在台上說些冠冕堂皇的大道理。

而我坐在輪椅上，四肢萎縮癱瘓，種種條件都不如這些受刑人，讓他們找不到任何藉口可以逃避，因此，我說的每一個字、每一句話，都有如暮鼓晨鐘般，重重敲擊他們向下沈淪的心靈，讓他們有所體悟、有所啓示。

以往我也像那位聽友一樣，無法接受自己的殘障，更遑論要感謝了。當時，我深惡痛絕坐輪椅，每天卻仍要身陷於「破銅爛鐵」之中。照相的時候，常會請人幫我抱離輪椅，出來的照片，似乎就看不出來自己是殘障。

那段時間，把自己關在自怨自艾的窄房裡，讓委屈的淚水慢慢將我淹沒，越是想逃避，越發覺殘障的陰影緊隨在後。如果，不是靠著閱讀書籍、藉著寫日記讓情緒找到出口，我很難跨出封閉的藩籬。

如今，輪椅已成了我的最佳夥伴，我們相依爲命、合作無間；照相時不再人車分離，反而會對人炫耀它是我的「輪椅賓士」。

許多事情都是一體兩面的，有好就有壞，有壞必有好。有句話說「有太陽的地方，就有陰影」，當然，我們也可以這麼說，有陰影的地方，就表示太陽出來了。當你看到太陽，你的心中就有光亮；當你著眼於陰影，心中就佈滿黑暗。

殘障也是如此，有些不方便，但好處也不少，譬如逛街時，我不用像一般人，腳走疲了，爲找不到歇息的地方而氣惱；聽演唱會時，不需爲高朋滿座而焦躁；搭捷運時，不需爲人潮擁擠而憂心，因爲我自備「座位」，可謂「衆人皆站我獨坐」。

有一次去看電影，對售票小姐開玩笑的說：「我坐輪椅，不占位子，票價是否可以打折？」只見售票小姐啞口無言，不知如何回答。

殘障不是因果輪迴的報應，這種說法，對於殘障者或其家屬所造成的傷害，遠超過「殘障」這件事。

殘障只是一種「比率」問題，根據聯合國世界衛生組織的估算，開發中的國家如台灣，有百分之五的殘障人口。因爲我們承擔了這百分之五的比率，才使得其他人能成爲百分之九十五的非殘障者，所以，大家應該感謝殘障者才是。

總覺得自己是一流的靈魂，住在三流的身體裡，但若從另一個角度來看，總好過三流的靈魂，住在一流的身體裡。感謝上天，給我的只是殘障的軀殼，而非殘障的靈魂。

The Eurasian Publishing Group
圓神出版事業機構
用心與你對話・視野無限寬廣
圓神出版社
Eurasian Press
http://www.eurasian.com.tw reader@mail.eurasian.com.tw

勵志書系 057

輪轉人生——劉銘勇於挑戰的生命故事

作　　者／劉銘
發 行 人／簡志忠
資深主編／林秀禎
出 版 者／圓神出版社有限公司
地　　址／台北市南京東路四段50號6樓之1
電　　話／（02）2579-6600・2579-8800・2570-3939
傳　　真／（02）2579-0338・2577-3220・2570-3636
郵撥帳號／18598712　圓神出版社有限公司
責任編輯／林俶萍
美術編輯／陳正弦
校　　對／劉銘・謝晴・林俶萍
排　　版／莊寶鈴
法律顧問／圓神出版事業機構法律顧問　蕭雄淋律師
印　　刷／祥峯印刷廠
2002年6月　初版
2023年8月　19刷

定價220元
ISBN 957-607-786-9

國家圖書館出版品預行編目資料

輪轉人生：劉銘勇於挑戰的生命故事 / 劉銘作 .
-- 初版. -- 臺北市：圓神，2002〔民91〕
面； 公分. --（勵志書系 ； 57）

ISBN 957-607-786-9（平裝）

1. 劉銘 - 傳記 2. 殘障者 - 臺灣 - 傳記

782.886 91006531